# NO NOS DEJES CAER EN TENTACIÓN

SASKIA NIÑO DE RIVERA COVER

# NO NOS DEJES CAER EN TENTACIÓN

**Trata, pedofilia y corrupción de menores: historias y reflexiones de quienes la ejercen y quienes la sobreviven**

Prólogo de Rodrigo Martínez-Celis Wogau
Análisis de Dra. Diana Cover Van Putten y Mercedes Castañeda Gómez-Mont

Ilustraciones de interiores por Céline Ramos

AGUILAR IDEAS

Penguin
Random House
Grupo Editorial

**No nos dejes caer en tentación**
*Trata, pedofilia y corrupción de menores: historias y reflexiones de quienes la ejercen y quienes la sobreviven*

Primera edición: octubre, 2023
Primera reimpresión: octubre, 2024
Segunda reimpresión: noviembre, 2024



ISBN: 978-607-383-561-9

Impreso en México – *Printed in Mexico*

A Mariel y Pia, mis niñas,
mi inspiración absoluta
para seguir creando espacios
que ayuden a las mujeres
a tener lugares más seguros
para permanecer.

A Guillermo Ríos, mi agresor:
este libro se escribe con la intención
de buscar un mundo
donde existan menos pederastas como tú
y menos niñas con historias como la mía.

# ÍNDICE

# MENSAJE PARA GUILLERMO, MI AGRESOR

Dicen que la mente es selectiva y nos protege de los recuerdos que nos lastiman. Sin duda, el tiempo ha sido mi mejor aliado para sobrevivir a todo aquello que me hiciste. Sin embargo, cuando hay violencia sexual, las heridas no terminan de sanar nunca y las consecuencias son para siempre. Hoy, los recuerdos no son muchos, son flashbacks de momentos que, desafortunadamente, marcaron mi vida.

Mis papás confiaron en ti. Mis amigos te recuerdan como un señor, 30 años mayor, cómplice en sus travesuras infantiles. Ibas por nosotros a la escuela, eras "aliado", nos íbamos de pinta juntos. Teníamos 11 años. Eras, para ellos, la máxima diversión. Lo que no sabían era que lo hacías por estar cerca de mí, y no para cuidarme. Tu trabajo era protegernos y con ese cinismo abusaste, literalmente, de la confianza.

Nunca te denuncié. Quizá en su momento no tuve las herramientas emocionales para hacerlo. Me ha costado, pero hoy sané sabiendo que hice lo que pude con las herramientas que tuve. De lo que sí me arrepiento es de no haber hablado a tiempo. No porque te haya deseado algún tipo de mal, eso nunca, sino porque todos los días pienso en las otras niñas que quizá pudiste haber agredido. Niñas que quizá hoy no hubieran tenido la misma historia si yo hubiera hablado.

Qué importante es la justicia. Qué irónico que hoy a eso me dedique. Y no por ti, sino porque tuve las herramientas y el apoyo para salir más allá de ti.

Guillermo, apenas hace unas semanas en México se conmemoró el Día Internacional en Contra del Abuso Sexual Infantil. Guillermo, por hombres como tú, cobardes, México está entre los países con más violencia sexual hacia menores. Hombres como tú que, por sus inseguridades y machismos, destruyen la vida de millones de niñas y de niños que no tuvieron la suerte que tuve yo, de tener a alguien que los protegiera.

Hoy México tiene una deuda con esos niños y esas niñas que viven bajo el mismo techo que sus agresores o que no encuentran una persona para gritar por ayuda. Hoy en México la apuesta legislativa y social tiene que ser para acabar con los Guillermos de las historias que tantos menores, desafortunadamente, tienen. Basta de silencios. Ya son demasiados niños y niñas cuyos corazones están invadidos en tristeza por el silencio que predomina en la sociedad en la que vivimos.

Al final, tú y yo estamos bajo el mismo cielo, y deseo, sin rencor alguno, que en este país y en el mundo existan menos hombres como tú.

Saskia Niño de Rivera Cover
La niña —hoy mujer— que te sobrevivió

# PRÓLOGO

## POR RODRIGO MARTÍNEZ-CELIS WOGAU, ESPECIALISTA EN TEMAS DE SEGURIDAD

En las profundidades de la sociedad mexicana, en lo más hondo y oscuro, yacen temas que nos estremecen, nos indignan y nos obligan a enfrentar realidades desgarradoras: la pedofilia, la trata de personas y la corrupción de menores. Estas sombras acechan a nuestras y nuestros niños y adolescentes, vulnerando su inocencia, su dignidad y su futuro. Es una herida abierta que clama por ser sanada, y es precisamente en ese contexto que este libro cobra vida. Es fundamental poner sobre la mesa temas que por muy duros que sean, sólo analizando con detalle cada situación podremos construir soluciones en el muy corto plazo, pero también en el mediano y largo plazos. Soluciones de fondo.

En las siguientes páginas nos adentraremos en historias reales y reflexiones profundas que nos llevarán a explorar la complejidad de estos terribles delitos que azotan a nuestra sociedad. No es un viaje fácil ni cómodo, pero debemos emprenderlo para comprender, para despertar conciencia y para tomar acción. Es un ejercicio que nos permite entender motivaciones y proyectar soluciones, pero más importante, prevenir.

A través de testimonios valientes y conmovedores, como el de Cori o el de Ana, conoceremos a aquellos que han sido víctimas de estas atrocidades, a quienes han sufrido en silencio durante demasiado tiempo. Sus voces nos guiarán por los laberintos del dolor, la impotencia y la lucha por encontrar la esperanza en medio de la adversidad.

Este libro también da voz a quienes ejercen estos actos inhumanos. Nos acercaremos a los verdugos, a los perpetradores, como Pedro o Alex, que se esconden en las sombras y que corrompen la inocencia de las y los más vulnerables. A través de sus relatos, descubriremos las raíces de este terrible mal, las motivaciones retorcidas y los entramados que perpetúan estos crímenes atroces.

Este no es un libro que busca glorificar a los verdugos ni minimizar el sufrimiento de las víctimas. Es una obra que pretende arrojar luz sobre una realidad que nos duele y nos enoja. Es un llamado a la acción, a la empatía y a la responsabilidad colectiva.

Adentrarse en estas páginas es un acto de valentía, de enfrentar la verdad incómoda que nos confronta como sociedad. Es una invitación a reflexionar sobre nuestras propias acciones y omisiones, sobre cómo podemos contribuir a erradicar esta lacra que ensombrece nuestro país. Saskia Niño de Rivera logra concentrar información clave para dimensionar un fenómeno doloroso, pero también aporta elementos importantísimos para construir soluciones.

En medio de la oscuridad, *No nos dejes caer en tentación* también busca rescatar la esperanza. Nos muestra que hay caminos de sanación, de justicia y de resiliencia. Nos recuerda que, a pesar de la violencia y la desesperanza, hay personas y organizaciones que luchan incansablemente por proteger a nuestras y nuestros niños, por rescatar a las víctimas y por generar un cambio real en nuestra sociedad.

A medida que avanzamos en estas páginas, nos adentramos en un viaje emocionalmente desafiante, una travesía que no podemos eludir. Es tiempo de mirar de frente a la oscuridad para encontrar la fuerza y el coraje necesarios para combatirla.

Como servidor público dedicado a temas de seguridad por más de 20 años, concluyo que este libro es, también, un llamado urgente a la acción, a la empatía y a la transformación. Es un grito de justicia para aquellas y aquellos que han sufrido en silencio, y un compromiso de no darles la espalda nunca más.

La lucha contra la pedofilia, la trata de personas y la corrupción de menores es una batalla que debe ser librada desde todos los frentes, y quienes nos dedicamos a procurar la justicia, la paz y la seguridad en México, jugamos un papel fundamental en esta tarea.

La apremiante necesidad del combate a estos delitos nos recuerda la importancia de la comunicación y la colaboración estrecha entre todas las instituciones, organismos y organizaciones que de una u otra manera abordan estos temas complejos. Además, es imprescindible que todas y todos sigamos trabajando en promover la cultura de la denuncia, y quienes están al frente y tratan de manera directa con las víctimas, tengan la sensibilidad necesaria para que éstas se sientan seguras y no se incurra en la revictimización que lo único que hace es socavar la confianza en las instituciones y, en último lugar, en el cumplimiento de la ley.

En este espacio es importante un apunte final. Las redes sociales se han convertido en uno de los mecanismos principales y facilitadores para la comisión de este tipo de delitos. Al momento en que redacto esta presentación, en el país continúa la discusión para regular —de algún modo— las redes sociales en lo particular y el internet en lo general. Sin embargo, no se ha logrado un consenso. Es importante aclarar que los poderes ejecutivos solamente pueden actuar con base en lo que la ley señala, por lo que resulta imprescindible contar con andamiajes legales robustos, sólidos y que faciliten la operación de la autoridad.

Cuando se mencionan los temas de redes sociales y de internet, por lo regular la discusión se enfoca en la protección de los grandes intereses nacionales (como las instalaciones estratégicas); pero este debate olvida los temas de seguridad pública y de seguridad ciudadana en lo particular. A la par de robustecer el andamiaje legal para la actuación de las instancias federales, los legislativos locales deberían construir (o reconstruir, en su caso) el conjunto de ordenamientos que doten a las autoridades estatales y municipales con herramientas para hacer frente a estas situaciones. Las soluciones al mal uso de redes sociales para la corrupción de menores también se deben construir de abajo hacia arriba, desde lo local hacia lo federal.

Que estas historias y reflexiones nos inspiren a construir un México más seguro, más justo y más digno para nuestras y nuestros niños y adolescentes.

# INTRODUCCIÓN

## TRATA, PEDOFILIA Y CORRUPCIÓN DE MENORES

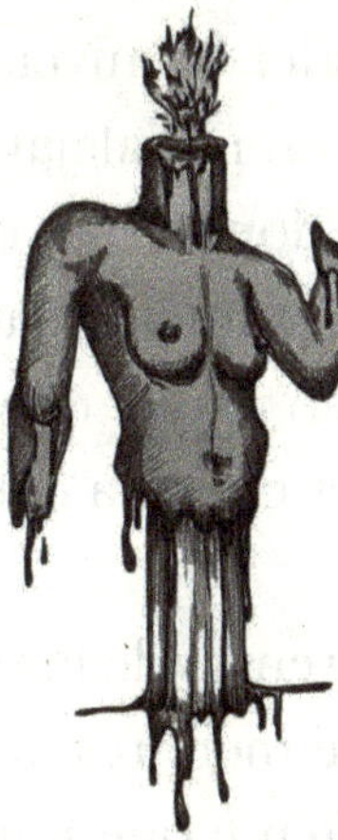

Antes de empezar esta reflexión, hago un par de aclaraciones: primero, usaré la terminología femenina para referirme a las sobrevivientes y la masculina para los agresores, ya que porcentualmente ellas son sobrevivientes y ellos agreden. Sin embargo, esto no quiere decir que no existen mujeres agresoras y hombres víctimas. Segundo, algunos nombres de las y los sobrevivientes se conservan sin anonimato por petición de ellas; los nombres de los agresores no han sido modificados dado que son públicos, excepto los que lo solicitaron por razones de seguridad.

Batallé para escoger el o los delitos de los que me ocupo en el tercer libro de esta trilogía: *México a sangre fría*, compuesto por *El infierno tan temido: el secuestro en México*, *Maldita entre todas las mujeres: testimonios y reflexiones de feminicidas y de víctimas de este delito* y el que tienes en tus manos. Siempre busco en las entrevistas que realizo que resuenen voces protagónicas de nuestro México tan lastimado, testimonios de personas que vivieron al límite y hoy nos dejan una huella profunda. Lo he dicho muchas veces y lo vuelvo a decir para dejarlo plasmado en este escrito: las cifras nos deshumanizan, nos dan contextos generales para entender los niveles del problema (escasa y relativamente), y también nos alejan de la comprensión del verdadero problema en donde estamos parados realmente. Escuchar las historias de primera mano nos recuerda que el conflicto no solo es mucho mayor que lo que una cifra puede recordarnos, también nos obliga a entender la urgencia para tomar acciones.

En este libro hablaremos de la trata de personas, la pedofilia y la corrupción de menores; no es cosa sencilla, pero, para México, es más urgente que nunca, pues los casos crecen, la impunidad aumenta, la deshumanización se ha vuelto una constante y nosotros, sociedad, personas comunes, debemos reaccionar, dejar de ser indolentes no solo ante el sufrimiento, también ante la injusticia, el abuso y el delito.

Los tratantes, podemos decir, son las personas más cercanas a la personalidad antisocial. Cuando platicaba con algunos, constantemente tenía que recordarme que tratar de entrar en razón con ellos era absurdo, que solo gastaría mi tiempo. Platicar con los pedófilos fue completamente diferente. Ellos dan bandazos entre la terrible agresión de lastimar el cuerpo de una o un menor y llenarse de culpa. Con ellos planteo la posibilidad de buscar una salida puntual cuando nos atrevamos a hablar de la pedofilia desde un lugar de salud mental. Hablar con ellos fue confrontante, ya que hay conciencia y culpa absoluta a la vez. Castración química, medicamentos que inhiban sus impulsos y tratamiento de la salud mental son componentes que, si no estuviéramos tan ocupados en un sistema punitivo y reactivo, podríamos considerar y llevar a discusión para realmente dar soluciones de mediano y largo plazo.

Por otra parte, lo complejo de la trata es que tiene que ver con la manipulación y la violencia psicológica. Muchos podemos leer o escuchar a las sobrevivientes o víctimas y pensar "lo merecían o ellas querían". Nada puede estar más lejos de ese pensamiento; entender la confusión, la esencia terrible de la trata implica tener las herramientas emocionales útiles para ver más allá de lo obvio. Los padrotes tienen un radar muy particular que aplican con las adolescentes más "complicadas" y las mujeres y niñas con "más carencias". La complejidad de la trata es que no solo es simplemente blanco y negro, juzgarla o justificarla se vuelve la salida más fácil para lavarse las manos ante esta problemática. En cualquier otro delito es obvio para cualquiera el bueno y el malo, en la historia de la trata no siempre es así. Hay que escuchar al tratante con mucha paciencia para entender la perversión que concentran. Hay que entender a la sobreviviente o víctima con mucha empatía, entendiendo que lo que parece sencillo de comprender por fuera, no siempre se aprecia igual desde adentro.

Las sobrevivientes que cuentan y que callan sus historias tardan una vida en sanar sus heridas. Una vida, literalmente, porque hasta que no lo padeces no puedes realmente entender el daño que genera el hecho de caer en las manos de un agresor. Como sobreviviente fui privilegiada, pues estuve en manos de una familia que me ama y tuvo todas las herramientas emocionales y económicas para brindarme una enorme ayuda y protegerme de mi agresor. Entiendo muy bien lo que es vivir con las secuelas de por vida al ser una sobreviviente de abuso sexual infantil, por lo cual, muchas veces, hablaré de mi propia experiencia en este libro.

Ellas, quienes no siempre tienen la oportunidad de obtener la ayuda necesaria o de estar en manos de alguien que les brinde las herramientas emocionales para sobrevivir, se vuelven heroínas sin capas. Sí. Pues sobrevivir el abismo de la violencia sexual requiere de un súper poder. Y tras sobrevivir la violencia sexual, seguir respirando y caminando se vuelve un acto heroico.

Algunas víctimas habitan en las cárceles del país ya que, a diferencia de mí, no tuvieron la atención debida. En ellas, muchas veces, el uso de las drogas y la adrenalina que genera el crimen les dio las emociones necesarias para anestesiar y para olvidar momentáneamente lo que realmente sienten. No puedo ser lo suficientemente enérgica cuando lo digo y por eso lo repito: las secuelas del abuso sexual infantil son heridas tan profundas que pasas una vida sanándolas; y eso, si tienes la fortuna de tener quién te ayude.

En las siguientes páginas encontrarás testimonios dolorosos y, muchas veces, difíciles de digerir, de personas privadas de la libertad por algún delito relacionado con la violencia sexual. Vas a leer a víctimas que han tenido la fortuna de sobrevivir a este infierno. Cada capítulo se acompaña de uno o dos testimonios y propone una reflexión respecto a la problemática que vivimos. La violencia sexual no se puede abordar desde un solo eje y es por ello que, a diferencia de *El infierno tan temido* y *Maldita entre todas las mujeres*, modifico el formato agregando una reflexión personal que nos acerque a entender y hablar con más profundidad sobre la violencia sexual en nuestros países: la trata, la pederastia y la corrupción de los menores. Además comparto la opinión de expertas en salud mental, psicotrauma, pedofilia, entre otros temas.

Estamos reaccionando muy tarde a la prevención de la violencia sexual, somos demasiadas víctimas y accionar de manera reactiva siempre es llegar demasiado tarde al problema.

Para concluir esta introducción cabe anotar lo siguiente: los testimonios han sido transcritos textualmente, son fieles a como se expresan las sobrevivientes y los agresores. En el caso de los agresores que mencionan el nombre real de sus víctimas, los hemos modificado para mantener el anonimato de estas personas. Es importante entender que, no porque los agresores no las vean como sus víctimas porque ellas "lo hicieron porque querían", como algunos dicen, no dejan de ser sobrevientes. Las sobrevientes, todas, tuvieron acceso al texto que aquí presentamos previo a su impresión, asegurándome que se sintieran cómodas con la redacción.

En este libro no pretendo, jamás, victimizar; concibo el gran poder de las historias mucho más allá que el de las cifras. Las historias nos hacen sentir y nos mueven; cosa que los números no hacen.  Por eso, vale la pena recordarlas y conocer a los actores de estos sucesos. Humanizar lo inhumano nos lleva a soluciones. El silencio, y por ende la indiferencia, es la fórmula de la impunidad en nuestro país.

# 1. TRATA DE PERSONAS

La trata de personas con fines sexuales es un delito del cual poca gente habla. Este tabú viene porque la industria de la pornografía y la prostitución no conocen razas, clases sociales, colores de piel o geografía. La razón por la cual preferimos no hablar de la trata, aun cuando es uno de los tres delitos que más dinero mueve en el mundo (junto a la venta de armas y el narcotráfico), es, justamente, porque atrás de esta industria hay mucha gente poderosa que se beneficia de este delito, que se mantiene indiferente y sigue lucrando con la vida de las personas. Con la mano en la cintura prendemos la computadora para ver pornografía sin verificar que los sitios a los que estamos accediendo lleven algún tipo de control (edad y consentimiento) respecto a las personas que hacen los videos. Gozamos de la prostitución como una manera de divertirnos o pasar el rato y jamás nos cuestionamos si la mujer que está ahí con nosotros se encuentra contra su voluntad. Si a la mujer que está ahí la mueven unos hombres que tienen sus papeles retenidos; a lo mejor la trajeron con engaños o a la fuerza de otro Estado, incluso otro país, y la tienen con amenazas y falsas promesas en un trabajo que la esclaviza.

Hemos decidido, como sociedad, voltear la cara ante el terrible mundo que es la trata de personas y esto, no solo ha permitido que crezcan las redes de los tratantes, sino que se vuelva algo normal en México y en muchos otros lugares, donde ahora ya es considerado parte de la cultura.

La dimensión de la trata como parte de la problemática del machismo cultural de nuestro país me terminó de quedar claro cuando platiqué con Noé. Si bien, su testimonio es cruel y cínico, dejó en evidencia que uno de los grandes problemas que tenemos como sociedad es que hemos descuidado a las niñas, criándolas en una educación donde les enseñamos que al haber nacido con vagina están en desventaja. Constantemente les recordamos que no tienen las mismas capacidades que los hombres y que su deber está en el hogar. Satanizamos la sexualidad cuando muchas de ellas sufren la violencia sexual dentro de su mismo hogar. "Calladita te ves más bonita" y "una mujer está para verse bien y acompañar a un hombre" son algunas de las ideas con las que nuestras infancias crecen. Culturalmente, violentamos a las mujeres de nuestro país haciéndolas presas fáciles de los agresores que, por conveniencia y mediocridad de su misma educación machista, justifican sus actos crueles.

De ahí la importancia de hablar, cuestionarnos, conocer e indagar sobre temas como la trata de personas, por muy incómodos que nos parezcan. Es vital abrir los ojos y no ser indiferentes a las conductas y estigmas que rodean nuestra conciencia social, pues depende de nosotros cambiar las conductas que nos dañan.

## PEDRO: EN UNA NOCHE SACABA HASTA 90 MIL PESOS

Mi nombre es Pedro y tengo una sentencia de 5 años por trata de personas. Llevé una infancia normal, mi mamá es maestra, tengo varios hermanos y medios hermanos. Mi papá se casó con mi mamá cuando su primera esposa falleció en un accidente, él ya tenía 2 hijos mayores y una bebé de brazos, chiquita, de 5 meses. Él me contó que se *desbarrancaron*, venían de regreso de un evento, porque era músico, y cayeron de un barranco.

Mi mamá lo conoció y se casaron, ella le puso sus apellidos a la niña más chica y a otros 2, mi mamá adoptó a sus hijos como mis hermanos mayores, yo sí soy su hijo natural. Recuerdo que siempre tuve rechazo por su parte, todos mis hermanos son güeritos y yo soy morenito, entonces él acusaba a mi mamá de haberlo engañado con su compadre "El Pantera", que era bien "negro". No creo que yo sea hijo del "Pantera", no me parezco físicamente, pero de niño sí lo admiraba porque era guardaespaldas y tenía armas, era grande y fornido, era una especie de ídolo para mí.

Mi papá comenzó a alejarse, usaba de pretexto que iba a tocar con su banda, pero, en realidad, tenía otra familia. Un día lo descubrí, a lo lejos lo reconocí por su corte de cabello, lo tenía como "El Buki", y porque traía puesta una camisa fucsia con el nombre de su banda impreso; le conté a mi mamá que lo había visto entrar a una casa y quedarse con una señora, pero mi mamá no me creyó, así que decidí seguirlo y encararlo. Lo esperé un tiempo afuera de su otra casa y cuando salió lo vi con una señora de la mano, traían una niña chiquita y un niño en brazos, traté de encararlo, pero él me dijo: "¿Qué quieres, niño?", se hizo el que no me conocía, yo tenía 7 años.

A mi mamá le dolió mucho esta situación, le puso candado a la casa y no dejó a mi papá entrar, él llegó en la noche y pateó la puerta, comenzaron a gritar y a pelear muy feo, mi mamá le reclamó que ella había adoptado como hijos a hijos de él y que ni así le había correspondido. Mi papá la amenazó, le dijo que se iba a morir de hambre con todo y *chamacos*, nosotros estábamos muy asustados, mi papá era violento, seguido golpeaba a mi mamá.

Gracias a Dios, mi mamá nos sacó adelante, trabajaba como maestra en una primaria en las mañanas, en una secundaria por las tardes y seguía capacitándose en las noches; mi hermano es doctor y mi otro hermano veterinario, una hermana es secretaria, yo estudié un tiempo ingeniería mecánica en la Facultad y mi hermana la más chica estudio contabilidad, todos tuvimos profesión.

Mi mamá intentó rehacer su vida, tuvo muchos pretendientes, pero yo se los ahuyentaba, los corría o les echaba bronca, tendría unos 17 años. Todos mis hermanos son dóciles, nobles, pero a mí me gustaba andar en la calle, no me gustaba estar encerrado, yo quería correr, hacer ejercicio y salir; mi mamá vio mi necesidad y me metió a clases de karate, natación y artes marciales mixtas, ahí aprendí a defenderme.

A los 15 años empecé a ir a peleas clandestinas, me gustaba pegar y que me pegaran, por eso tengo muchas cicatrices. Y es raro, porque mi mamá nunca me pegó, mi papá sí lo intentó, pero mi mamá no se lo permitía. En las peleas clandestinas ganaba unos 3,500 pesos lo mínimo, eso sólo por participar, ya si ganaba me daban 7,000-8,000 pesos por peleas de 25 a 30 minutos en 2 rounds. Mi mamá no se enteraba, ella pensaba que estaba trabajando en un puesto de hamburguesas, y para que no me viera todo golpeado, aprendí a inyectarme desinflamantes, diclofenaco y después esteroides y testosterona, para aguantar más, ponerme *mamado*.

Lo más importante para mí era el dinero y la fama, tenía un cierto trauma porque de niño sufrimos carencias, además, como mi papá nunca me reconoció como hijo, no me incluía en los gastos, nunca me compró ropa o se preocupó por mí. Por eso empecé a trabajar desde joven y a pelear, prefería ganar mi propio dinero y no depender de nadie, no quería escuchar a mi papá o a mi mamá peleando por un *huerco* que no servía para nada.

Con las peleas gané muchos premios, se "me subió" la fama, el egocentrismo, me volví muy soberbio, agresivo. En esa época tuve un problema fuerte con "Los Zetas"; estaba en mi moto dando la vuelta cuando, por pasarme un semáforo, casi choco con una camioneta, nos hicimos de palabras, eran unos *huerquillos*, se me cerraron y les di "en la madre", a pesar de que ellos traían pistola, no se sabían defender, me los *chingué* rápido. Después supe con quién me había metido, empezaron a sembrar el miedo en el barrio y me agarraron, hablé con el jefe de ellos y le expliqué que sólo me había defendido y que, si realmente los hubiera querido dañar, no estarían ahí para contarlo, eso me hizo quedar bien con él, me dejó ir como si nada, pero se me quedó la fama.

Un día me habló un señor para ofrecerme trabajo como chofer en un lugar de "masajes", se les dice así, pero realmente es un burdel, un lugar donde se prostituían mujeres; yo tenía 17 años y conocía la ciudad, como siempre andaba de un lado a otro, tenía la experiencia. Era un trabajo nocturno, entraba a las 7 de la noche y salía a las 6 de la mañana, el dueño era muy ordenado, una persona disciplinada que nos pedía llegar puntuales y aseados.

Este lugar era muy conocido, había muchos anuncios en el periódico, en especial en *El Sol*, ahí se anunciaban los servicios de masajes con una mujer en bikini al lado, obvio. Si alguien tiene la oportunidad de visitar una sala de masajes en el centro de Monterrey se va a dar cuenta que todas son dirigidas a caballeros, los salones de spa son otra cosa, ahí ya son unisex, pero los masajes son pura prostitución. Incluso el gobierno nos manda gente para que den pláticas sobre enfermedades de transmisión sexual, también hay doctores que revisan a las chicas y les dan una tarjeta de sanidad. O sea, esto es algo ilegal y a la vez no, "bajita la mano" el gobierno está consciente de lo que se trabaja, solo que, mientras lo tengas controlado, se hacen *pendejos*.

No es difícil manejar estos lugares, solo tienes que seguir los protocolos del gobierno, tener limpias las instalaciones, las sábanas, las camas, tener salidas de emergencia, área de fumadores, etcétera.

Las mujeres que trabajan ahí, al menos, 70% lo hacen a escondidas de su familia, y cuando les piden servicios a domicilio, si son en colonias donde las conocen, lo rechazan, porque no se van a arriesgar a que las vea su papá o su hermano, solo por un servicio.

Los lugares fijos de masaje se dividen en varias partes, por un lado está la sala de los clientes, un lugar con "clima", muebles y una pantalla con videos pornográficos, después hay otra sala donde están las chicas, rodeadas de espejos y paseando, las chicas no están desnudas, están vestidas con ropa sexy, normal, pantalón de mezclilla y top. No me gustaba que estuvieran desnudas porque los muebles eran de vinil y ellas podían sudar y contraer enfermedades. Eran, por lo general, unas 15 o 20 chicas, los clientes escogían a la que les gustaba y se arreglaban con ella; después pasaban a unos cuartos donde estaban colocadas las camas de masaje y una televisión con pornografía. Media hora de masaje costaba 800 pesos, la hora completa estaba en 1,200. El servicio básico que se ofrece es la penetración vaginal o el sexo oral con preservativo, todo es con preservativo, una hora de servicio o una eyaculación del hombre. El pago es por adelantado y se dejan claras las posiciones sexuales que se van a practicar, no se permiten los besos en la boca ni la penetración anal. Esto dentro del negocio, ya si ellas querían dar besos o anal, cobraban extra y eso se lo quedaban ellas, eso se llama "tratos móviles".

La edad de las chicas varía de los 19 a los 23 años, más grande no es negocio porque los clientes buscan chicas menores, pero a pesar de que las mayores tienen más "colmillo", es difícil controlarlas.

Mi trabajo era cuidar a las chicas, si algún *huerco* se quería pasar de listo con ellas, entraba yo y, primero, intentaba hablar con ellos, disuadirlos a pagar extra o irse, si se ponían insistentes, entonces me tocaba darles "en la madre".

Varias veces me "quitaron" muchachas, narcos me hablaban para que les llevara 4 o 5 muchachas, me daban la dirección y me decían que iban a pagar por los servicios, pero a la hora de llegar, se las llevaban a otro lado y me tocaba "saltar" por ellas.

Antes era adorador de la Santa Muerte, le ponía ofrendas y le rezaba, pedía por las chicas, pedía que me diera el valor para rescatarlas y protegerlas. Afortunadamente, nunca las dañaron, siempre pudimos rescatarlas; me cuentan que antes de que yo llegara sí violaron a varias, pero a partir de que trabajé ahí, todo en orden.

Mi mamá es muy católica, nunca le gustó que yo adorara a la Santa, pero ni modo, era mi creencia. A veces me encontraba a cristianos en la calle, de esos que andan leyendo la Biblia, y me decían que podían orar por mí, que me acercara a la palabra de Dios, y yo sacaba mi imagen de la Santa, la besaba y les decía: "Aquí está mi Dios", era muy soberbio.

Ya cuando aprendí, armé mi propio negocio. Nunca trabajé con menores de edad, era enemigo de eso, de que abusaran de ellas, que no les pagaran o que las trataran mal; en una ocasión, llevé a las muchachas a un servicio y el cliente me preguntó: "¿Tú eres el de las *putas*?", lo volteé a ver muy indignado y le ordené a las muchachas que se subieran de nuevo a la camioneta, no iba a permitir que las trataran así, porque ellas son trabajadoras, ningunas *putas*.

Aunque la mayoría de las chicas trabajaba a escondidas, algunos esposos lo sabían y estaban de acuerdo, incluso las llevaban al trabajo y las recogían.

Yo me quedaba con 40% de las ganancias, eso, comparado con lo que cobraban otros, era bajo, pero no me importaba, teníamos mucho trabajo, en una noche hacían 55-60 servicios, 8 o 10 por chica.

El negocio creció mucho y lo supimos aprovechar, porque cuando las cosas se complicaron y el gobierno empezó a cerrar locales y a restringir la publicidad en el periódico, muchos dejaron el negocio. Nosotros no. Vimos la oportunidad en internet, abrimos páginas completas de servicio a domicilio, y no solo para caballero, servicio de pareja, servicio de lesbianas, despedidas de soltero, infinidad de cosas así. Varias veces me pedían 2 o 3 muchachas, pero a la hora de llegar, me las regresaban, decían que no les gustaban, que se las cambiara, y así, después de algunos viajes, todos pagados eh, me decían que querían hablar conmigo a solas, y ahí salía "el peine", me contaban que querían muchachos jóvenes, homosexuales, atléticos y de "buen ver", fue cuando empecé a contratar bailarines hombres. Hay mucho mercado para gente de todo tipo.

Conocí a una muchacha que era socorrista en la Cruz Roja y trabajaba en un cibercafé, ella me ayudó mucho con la publicidad en redes sociales y me sugirió el cobro con tarjeta, eso subió las ventas. Diario, en un día pobre, ganaba 7,000-8,000 pesos, cuando eran días buenos, llegué a ganar 90,000 pesos. Mi negocio me absorbía, empecé a comprar carros y a mover más cosas, ya no tenía tiempo para mí o mi familia, si me invitaban a una reunión, una boda o unos XV años, no podía, para mí, un sábado significaba ganar 50,000 o 60,000 pesos. Las muchachas también ganaban bien, a una le llegaron a regalar un carro, a otra una cuatrimoto, todos esos regalos eran para ellas.

Tengo 5 hijos con 3 parejas diferentes, andaba con las 3 al mismo tiempo. La primera sabía de mi negocio; la segunda la conocí dentro del negocio, era una trabajadora, me enredé con ella y tuvimos una niña, cuando se embarazó la saqué de trabajar y le puse una boutique, ella es una muñeca, la mujer más bonita que he visto en mi vida. A la tercera la perdí por mi forma de trabajar, por mi infidelidad, porque nunca estaba en casa, me salía a las 6 de la mañana y regresaba muy noche o al día siguiente, eso acabó por cansar a mi esposa. Yo había dado todo por ella, le compré un cibercafé y le dije que lo manejara, incluso ayudé a sus hermanas a terminar de estudiar. Ella me ayudaba en el ciber, siguió con el trabajo de mi amiga la de la Cruz Roja, mi esposa subía la publicidad y le tomaba fotos a las muchachas para crear contenido, ella lo hacía porque yo nunca vi a las chicas desnudas, ya tenía 3 esposas y no me quería meter en más *pedos*. Porque la situación era cansada, iba a mi casa saliendo de trabajar y le dejaba dinero a mi esposa, después iba con mi otra mujer, que ya tenía pareja, y buscaba el momento para estar a solas con ella; a veces, también, iba con mi otra pareja para darle dinero a la niña y meterme con ella, llegaba muy cansado a la casa después de todo.

Además, estaba muy metido en mi negocio, con el tiempo hice amistad con las muchachas, es algo que les digo a todos, tienes que conocerlas, platicar con ellas, entablar una conversación sin fines sexuales, te sorprenderías de todo lo que puedes aprender de ellas.

Un día llegó una muchacha muy bonita, venía de Tampico, pidió trabajo, no sabía de qué se trataba, pero necesitaba el dinero, así me dijo. La contraté formalmente, le hice una solicitud de trabajo donde daba por escrito que ella, en pleno uso de sus facultades, aceptaba trabajar como prostituta, lo firmaba y ponía sus huellas.

Así contraté a muchas, todas de México, ninguna extranjera, sólo una vez tuve una experiencia con una extranjera, pero fue un chasco grande, una cosa de risa. La muchacha dijo que era de Chiapas, hasta me mostró sus papeles, pero todo era mentira, era de más pa´bajo. Ella se enemistó con otra muchacha y se empezaron a pelear, se quitaron los clientes y hasta se embrujaron, le llevaron un mechón a una bruja y así anduvieron un buen rato hasta que una se dio cuenta que la otra era ilegal, le habló a Migración y fueron por ella.

Teníamos otro chofer, "El Chucky", él era soltero y muy trabajador, vivía en el negocio y amaba el trabajo, era mi "mano derecha". Él me acompañó a Migración a ver qué podíamos hacer por la muchacha, incluso le ofrecimos 20,000 pesos al oficial, pero nos dijo que no había nada qué hacer a menos que se casara con un mexicano para obtener la nacionalidad, y como "El Chucky" era soltero, pues los casamos. Ella le dio 20,000 y asunto arreglado.

Nunca ejercí violencia contra las muchachas, hubo una que se enamoró de otro muchacho de la mafia, era de Sinaloa, él fue a pedirme permiso para sacarla de trabajar y yo le dije que era decisión de ella, me ofreció dinero para que la dejara ir, pero le repetí que mis trabajadoras no se compraban, que si ella quería irse, estaba en toda la libertad. Se fueron a vivir a Tulum y al poco tiempo lo mataron, pero no por cosas mías, sino porque él estaba metido en la mafia, ya fue su mala suerte. Seguí en contacto con ella, nos volvimos amigos y me ha invitado varias veces a visitarla, no todo es maldad en este rubro.

Estoy aquí por trata de personas, todo empezó cuando le ofrecí a una persona del gobierno ser mi socio, nos íbamos a dividir todo a la mitad, la publicidad, le renta, las ganancias y las muchachas, así empezó el negocio. Lo malo es que esta persona se hizo prepotente, trataba mal a las muchachas y ellas se quejaban. Un día se envolvió con una chica y la sacó de trabajar, incluso le presté una casa para que vivieran ahí, pero se pelearon muy fuerte, se hizo un escándalo tal que en el pleito ella agarró un extinguidor para darle en la cabeza a mi socio, empezaron a forcejar y la que salió golpeada fue ella.

En ese entonces yo sentía que todas "las podía", ese fue mi error, me creía mafioso, cuando no lo era, pensaba que el dinero que tenía lo iba a solucionar todo y no. Además, tengo una apariencia intimidante, estoy alto, barbudo, malencarado, mi mamá me lo dice: "Estás feo, si te ves al espejo sales corriendo, pero tienes buen corazón", con decir que ni un taxi me hace la parada, piensan que los quiero asaltar. Me compré una camioneta blindada, andaba vestido como mafioso, tenía toda la pinta.

Bueno, la mujer de mi socio fue conmigo a pedirme que lo despidiera, me enseñó cómo estaba toda golpeada, pero yo no podía despedirlo, le recordé que había sido ella la que empezó el pleito, y la muchacha me amenazó, me dijo que si no lo corría, ella me iba a meter al *cuete* a mí también. Me enojé mucho, le recordé cómo había llegado ella a mí, toda *chancluda* y pidiendo una oportunidad, que amenazarme así eran *chingaderas*.

Fui por mi socio y le dije que su "vieja" estaba en el CQ denunciando, agarramos la camioneta y nos fuimos *tendidos* a hablar con ella, pero cuando la encontramos no quería ni ver a su señor, la tuvimos que perseguir y en el camino tuvimos enfrentamiento con la policía, tuvimos que huir por un buen rato, *volándonos* varios semáforos y esquivando a los *chotas*.

Estaba muy drogado, en ese tiempo me metía diario cocaína, al principio lo hacía nada más para aguantar la jornada, pero después la ocupaba para todo, se me hizo costumbre. Pensaba que lo merecía, que tenía que drogarme para estar bien.

A pesar de que escapamos, tuvimos que cerrar el negocio, nos tenían en el radar por las placas de la camioneta y no podíamos movernos. Pasando mes y medio pudimos reactivar todo, mandamos a las muchachas a otro local y seguimos trabajando con precaución. Para esto, la *pinche huerca* ya había regresado con mi socio.

El día de mi detención fue un viernes, mi suegra me había invitado a comer con ellos y yo, aferrado al trabajo como lo era, le dije que no, que era día fuerte y no podía, mi mujer se enojó mucho, hasta me tapó la salida con la camioneta, pero yo, grosero, le dije que si ella me pagaba el día, no iba a trabajar, obvio no iba a poder pagarlo, la dejé llorando y me fui. Yo era muy soberbio con mis parejas, muy hiriente, me creía muy grande, superior a los demás. Ya le pedí perdón a Dios por eso y por todas las personas a las que ofendí, porque así era mi papá y lo que más odiaba de él fue lo que yo empecé a hacer, por eso Dios me castigó.

Bueno, salí con la camioneta y en eso me entró una llamada de mi socio, le había caído un servicio y me dijo que lo alcanzara allá. El servicio quedaba cerca de una casa que tenía, estaba sola, siempre le decía a mi esposa que nos fuéramos a vivir para allá, pero como quedaba lejos de casa de su mamá, nunca quiso. En fin, aproveché para comprar unas *cheves* en una Super 7 que quedaba de camino y tomé el retorno para mi casa, en eso vi una camioneta de la Policía Ministerial que estaba dándose sus vueltas, no le tomé importancia, pero ya me estaban cazando, adentro ya tenían aprehendido a mi socio.

Cuando llegué a mi casa vi a la Ministerial estacionarse afuera, salieron unos oficiales y me dijeron que querían hablar conmigo porque la casa tenía reporte de robo, puras mentiras, *nomás* para sacarme. Estuve tranquilo hasta que vi a mi socio esposado adentro de la *troca*, ahí me puse loco y comencé a gritarles, en eso llegaron 60 unidades, me esposaron y de ahí ya no me soltaron.

Las primeras acusaciones fueron que yo movía droga, y eso no es cierto, me tuvieron que "sembrar" cosas para dizque comprobarlo, porque en ese momento no traía nada, ya me la había acabado. Comenzaron la investigación y me quitaron todo, el dinero y los celulares, vieron mi vestimenta y me dijeron que, fácil, tenía encima unos 35,000 pesos porque cargaba cinturón, gorra y pantalón Gucci, yo quise mentir y decir que era taxista, pero no me creyeron.

A pesar de que no estaba haciendo nada ilegal, siempre mantuve en "secreto" mi trabajo, porque en este medio hay mucho ruido, tú, como dueño, eres el responsable de todo, sobre todo de lo que hacen las muchachas; llegó a pasar que ellas se robaban cosas de los clientes, dinero o joyas, y si el cliente salía mafioso, se iban en contra de todo el negocio, conocí a varios patrones que asesinaron por culpa de las chicas.

En el medio conocí mucha gente, personas de la televisión, famosos que fueron clientes y a los que puedo contactar y extorsionar para que me den dinero y pagar fianza o sobrevivir aquí dentro, pero no quiero hacerlo, ya no quiero delinquir, estoy arrepentido de tomar el rumbo fácil.

Cuando llegué al penal me porté muy soberbio, arrogante, tenía una actitud repugnante que me hacía enemistarme con todos. Les gritaba que no sabían quién era yo, que al otro día iba a salir de aquí y que todos se iban a arrepentir, incluso me enfrenté a un oficial, le dije: "Mañana tú te vas de aquí en bicicleta, pero por mí, vienen en camioneta blindada". Sin darme cuenta, estaba actuando igual que mi papá o peor.

Una noche, bajo observación en mi celda, estaba esperando que llegara el muchacho que nos trae el agua, porque no tenemos agua en las celdas, necesitamos que alguien baje y nos dé, tanto para tomar como para ponerle al baño. A cambio del agua, a este muchacho le pagas con cigarros, yo ya le había dado una cajetilla, tenía que tratarme como rey, entonces, cuando bajó a darme el agua, yo, en mi desesperación, le jalé el bote a través de los barrotes y tiré todo. Escuché las carcajadas de los demás, eso me enloqueció de coraje, agarré al muchacho y le reventé la cara.

Al día siguiente él me incendió la celda, tuve que gritar para que vinieran los policías a salvarme. Expliqué por qué había sido el problema y me pasaron a celda de castigo, amarrado de pies y manos, así me tuvieron varios días sin comer, yo sentía que me iba a morir, no tenía fuerzas ni para sostenerme. Cuando ya no tenía esperanzas, pasó un *fulano* cristiano, no sé de dónde salió, pero se me quedó viendo con lástima y se acercó, yo le rogué que me diera algo de comer, le dije que podía pagarle lo que quisiera, pero él me dijo que no, que lo único que quería era que me acercara a Dios, que rezara con él una oración y que solo así me iba a dar un pan con huevo y chorizo que tenía guardado. Fue la oración más larga de mi vida, se me hizo eterna, pero, al mismo tiempo, esa oración me salvó, cuando salí de castigo, empecé a leer la Biblia y a acordarme de todo lo que me decía mi mamá sobre Dios, dejé de creer en la Santa Muerte y me acerqué a Nuestro Señor.

Intenté salir de aquí a través de varios abogados, contraté 16 diferentes y todos me robaron, me mintieron y se acabaron mi dinero, perdí todo, lo único que me quedó es el cibercafé que le puse a mi esposa, ella todavía viene a verme, ahorita está embarazada, mi hijo nace en diciembre. A pesar de que ya dejé esta vida, incluso dejé de drogarme, me retiraron la visita de mis otros hijos, de los 5 que tengo, sólo 3 siguen en contacto, de los otros 2 no volví a saber nada.

Cuando salga ya no quiero regresar a lo mismo, me gustaría retomar mis estudios como ingeniero y conseguir un trabajo decente. Tengo entendido que el que era mi socio estuvo también detenido un tiempo, pero salió y ya no se dedica a lo mismo.

Conocí a una persona, es director del penal, me ayudó mucho a la hora de apelar mi sentencia, gracias a él pude reducir los años, mínimo, eran más de 15, pero el juez me bajó a 5 porque me quitó varios delitos. No me pudieron dar la absolución, pero me dieron libertad anticipada bajo las condiciones de ley, que implican conseguir un trabajo legal, manejarse de forma honesta, tener una dirección verificable y una persona que responda por ti, tener buena conducta, que no hayas cometido delito con violencia y que hagas reparación de daño, lo cual no aplica en mi caso porque ninguna mujer me denunció. La única acusación que tengo es de la mujer de mi socio, esa *pinche* "vieja" tenía que venir a firmar para quitarme su sentencia, pero la señora nunca vino, incluso le hablé varias veces para pedirle el favor y no me contestó, *pinche.*

Hace poco me ofrecieron pagar 80,000 pesos para que me dejaran en libertad, y estuve a punto de hacerlo, quería salir y "romperle la madre" a la *huerca* esa, pero las cosas pasan por algo, yo ya le pedí a Dios en mi oración que me quite este rencor y poco a poco lo estoy soltando. Mi esposa me dijo que no valía la pena pagar tanto dinero si, de todas formas, ya salgo de aquí en 4 meses.

Actualmente dirijo un grupo religioso de cristianos, vienen los hermanos y cantamos alabanzas en un conjunto musical que organicé y damos clases de Biblia a los otros reclusos. Es chistoso, porque de niño mi mamá quería que fuera maestro y mi papá músico, y aunque ellos no lo saben, les estoy cumpliendo el capricho aquí adentro.

Todo se está acomodando para mí, gracias a Dios, he vivido muchas cosas y me di cuenta que aquí entras con nada y te conviertes en todo. A veces tengo mucha culpa, porque afuera no aproveché la vida, solo me dediqué a hacer dinero en vez de disfrutar a mi familia, mis hijos y mi madre. Ahora mismo quisiera tener el tiempo de salir a pasear con ellos, darles un abrazo o un beso.

Veo en las noticias que victimizan mucho a la mujer que ejerce la prostitución, y ellas no tienen la culpa, la tiene el gobierno, si en verdad quieren salvar a una mujer, denle oportunidades de trabajo, no las busquen cuando estén secuestradas o desaparecidas. Había una muchacha que mataron y se armó un alboroto nacional, pero andaba trabajando, yo lo sé, lo huelo, su papá se cae de vergüenza, no lo quiere decir, pero la muchacha andaba ejerciendo, no salió de *pachanga*. Yo les puedo resolver el enigma de lo que pasó en 5 minutos, ella traía en el celular los anuncios de las prostitutas, tenía números de clientes y el taxi en el que se fue era chofer particular; la otra *chamaca* dice que se perdió en una colonia, no es cierto, fue en un antro. Lo que creo que pasó es que ella andaba trabajando, se drogó, perdió el control y en el pleito se *avionó*, se fue y ya no regresó.

Por eso digo que, en vez de buscarlas cuando desaparecen, denles trabajo, denles las mismas oportunidades que nos dan a los hombres. Claro, todo en proporción, porque hay mujeres que sienten que tienen la misma fuerza que los hombres, y no, ahí ellas pierden. Conozco casos de mujeres que quisieron poner su negocio como el que yo tenía, pero a la hora de cobrar o defenderse de clientes, pues les dieron "en la madre".

En fin, yo lo único que quiero es seguir con mi vida, he entendido muchas cosas aquí, quiero cambiar y trabajo diariamente en mí. Primero Dios pronto, estaré nuevamente con mi familia.

## NOÉ: TRABAJAR PARA UN HOMBRE ES UN HALAGO PARA ELLAS

Soy Noé, tengo 49 años y nací en Tenancingo, Tlaxcala. Mi familia era decente, somos testigos de Jehová, yo me desvié desde que dejé la escuela. Mi papá era textilero, pero tuvo un accidente, él iba en su coche y lo arrastró un tren, entonces ya no pudo trabajar, yo tenía 5 años, me puso a cuidar animales y trabajar en el campo, no tenía opción. Teníamos borregos que vendían para comprar químicos, un borrego da dos crías al año, vendían 15 o 20 anualmente, así nos la llevábamos. Me sentía mal al ver que todos iban a la escuela y yo no, pero ni modo, así es la vida.

Trabajo desde los 10 años, no un trabajo en sentido estricto, más bien ayudaba a mis padres, porque ellos no me obligaron, yo tenía las ganas de ir al campo y apoyar en la casa. Mis papás tenían terrenos donde sembraban maíz y frijol, y ahora que lo veo, es mucho mejor comida que la que te dan en la cárcel. Mis otros hermanos también tuvieron que dejar la escuela, son 6 hombres y 4 mujeres, pero ya murieron 3 mujeres, solo queda una. A una la atropelló una combi y mi otra hermana murió de hipotermia, fue en una borrachera con su esposo, ella se fue a dormir y él se fue con su compadre. Dejaron a mi hermana y, como estaban borrachos, se les olvidó taparla, ella también estaba borracha y no sintió el frío. Cuando me enteré se me derrumbaron las piernas, sentí más feo la muerte de mi hermana que la de mi mamá. La de mi mamá me dio gusto, no de alegría, sino porque se preocupaba mucho por mí y así ya no la hacía sufrir. Tenía 97 años, aunque me dio gusto, por dentro me dolió como 3 días, nunca lo había compartido hasta ahorita. Con mi hermana no aguanté, me caí cuando me enteré.

Después de su muerte aprendí a no decir nada, no expresar lo que siento, menos aquí, porque luego se burlan de ti y te dan zapes, y yo no tengo la estatura para enfrentar esos golpes. Estoy chaparrito, mido 1.55, así que, mejor, trato de ser inteligente. Cuando veo que empiezan a decirme cosas, prefiero irme. No es tanto por miedo, sino porque una agresión mal dada puede causar daño en el riñón y no hay necesidad de eso. Uno ya es maduro y sabe de las consecuencias

Bueno, de mis hermanos solo uno tuvo estudios, es arquitecto, pero fue muy difícil el camino, si no hay dinero, no hay opciones. Si no hay palancas, no hay trabajo o se trabaja mal pagado. Todos mis hermanos empezaron a trabajar desde chicos, todos estudian la Biblia, son Testigos de Jehová. Pero yo iba a cuidar el campo desde temprano, ni veía televisión. Ahora sí estoy estudiando, pero cuando era chiquito no tuve opción. A los 14 años veía borrachos que estaban tomando y me gustaba estar ahí como perro callejero. Andaba con tanta gente y nunca fui drogadicto. Veía cómo se la pasaban fumando *mota* y tomando, yo iba a comprarles alcohol o lavar sus coches.

La vida en un pueblo es diferente, yo llegaba a las 4 de la tarde de guardar a mis animales y quería jugar con mis amigos, pero ya no había nadie, todos estaban viendo caricaturas o en sus casas con su familia, y yo no tenía ni televisor. Y ni cómo irme a meter a casa de mis amigos, eso se ve mal en el pueblo. Me tenía que aguantar hasta que volvían a salir y así jugar fútbol y canicas. Siempre tuve un rencor, coraje, porque no conocí los juguetes, nunca tuve eso.

Cuando tenía 14 años, me empezaron a gustar las mujeres y conocí a los *padrotes*, no sabía qué era eso. Mi mamá me daba un zape cuando le preguntaba y mi papá, como disciplina, me pegaba. Me encantaba el mundo de los *padrotes*, veía que no hacían nada y tenían mucho dinero; a los 15 años supe, realmente, lo que era un *padrote*, una persona que *taloneaba* a las *rucas* que tenían relaciones con otros y les pagaban. Al principio lo veía mal, me daba asco, yo era virgen aún y no comprendía muchas cosas. A pesar de eso, seguía con ellos, me la pasaba con esos señores todas las tardes, los veía llegar con Mustang, Corvette y otros modelos, por ahí del 85. Me impresionaba mucho. Mis papás me regañaban, me pegaban, me prohibían juntarme con ellos, pero nunca les hice caso.

Un día, mientras lavaba uno de los coches, me propusieron irme a Tampico, allá tenían a las *rucas*. Y me fui. Yo era su *mandadero*, si las *viejas* necesitaban algo, yo iba a la tienda y lo compraba. Regresé a mi pueblo y seguí con el negocio, ya me conocían todos; trabajaba con el "Bebé", casi todos se comunicaban por medio de apodos. Me gustaba su manera de actuar, también me gustaba una muchacha que él tenía, le decían la "Coneja", también le ponen apodos a las muchachas. Ella tenía ojos verdes. A veces el "Bebé" me preguntaba si me gustaba su *vieja*, pero yo lo negaba, siempre le tuve respeto a él.

Tenías que ser fuerte con las mujeres, si una mujer te grita, pierdes autoridad. Nosotros las manejábamos por medio de tandas, tenían que cumplir 10 a 15 mil pesos a la semana. A muchas les gusta estar juntas, tener *carnalas* y trabajar para un mismo hombre, es un halago para ellas.

Este negocio es viejísimo, el *talonear* mujeres; en mi pueblo, desde 1960 existe la prostitución y se considera algo normal. Al igual que los rateros, se ve normal que haya un ratero en la familia. Las mujeres de allá quieren, las "trabajas" cuando las consigues de otro lado. Por ejemplo, una compañera me decía que ya no iba a *talonear,* que iba a ser solo mía, pero a la hora de la hora, regresan a lo mismo.

Conseguíamos a las *viejas* en Tabasco o Chiapas, otras llegaban solas a pedir trabajo. Me tocó ver algunas muertes, pues cuando la cagan, hay consecuencias. Por ejemplo, un güey tenía a su *vieja,* era de Michoacán, pero, al mismo tiempo, andaba buscando otra. Yo le dije que respetara, como dicen allá, tenía que "respetar a 10 cuadras", hay códigos, y este cabrón andaba conquistando a otra. Le dieron *tinta* sus cuñados, le "dieron cuello" porque se ligó a una prima de su *vieja* y sus cuñados lo amarraron, le pegaron y lo mataron. Ellos se dieron cuenta que prostituía a su hermana y que quería hacer lo mismo con la prima, de alguna forma, se lo buscó. También ellos la sufren, no la tienen fácil.

En este mundo te encuentras de todo, algo que yo aprendí, y curioso, es que las mujeres con estudios son más fáciles de meter a la prostitución porque no tienen prejuicios, no se preocupan por el qué dirán. El sexo lo ven normal, se van a un antro, se empedan, se mete *tacha* y no pasa nada. Una de provincia tiene valores, bueno, todas tienen valores, pero es más fácil una mujer que no está cerrada de mente. Pero esas mujeres no duran mucho en el negocio, solo 2-3 meses, esas se van sin bronca, no demandan. Es más, para ellas es un gusto, les haces un bien porque les enseñas el camino. A lo mejor eran *putas* y ahora son prostitutas, porque una *puta* disfruta y no cobra, una prostituta cobra. Entonces, si estaban estudiando y no tenían recursos, siguen estudiando y ayudando a su familia. Por eso, lo que ellos quieren es agarrar una mujer de provincia, esas son más recatadas, le dan más importancia al qué dirá su familia, la sociedad.

Las *viejas* que vienen a trabajar en esto tienen entre 18 a 25 años, muchas de ellas lo hacen por gusto, disfrutan del dinero y ayudan a sus familias. También hay niñas de 15 años que te ruegan para que te la lleves, y ahora más, antes se casaban con gente del mismo pueblo, pero ahora ya hay mezclas de todo: Cuba, Colombia, Venezuela, la raza se va mezclando y la gente está más loca.

Había un *padrote*, el "Rebeco", para mí, él fue mi ídolo porque traía mujeres bonitas, luego lo regañaba porque se iba por *viejas* a Chapultepec, de las que hablaban náhuatl, yo sé hablar náhuatl. Bueno, le decía al "Rebeco" que no se agarrara a esas personas, que las respetara. Que mejor agarrara a una *vieja* que le hiciera el "paro", que donde la "parara" se parara un Mustang o un Corvette, carros *chingones*. Él no me hacía caso, me decía que me fuera a recoger botellas. Y yo veía cómo las dominaba, siempre llegaba con su *chava* y le reclamaba porque otras *viejas* levantaban más que ella, la humillaba, y eso le dolía a ella. Tanto así, que a los 2 días nos fuimos a Chapala a "levantar" *viejas,* la *chava* del "Rebeco" las enganchaba, les decía que venía con su cuñado y les ofrecía trabajo, así nos trajimos a varias.

Sí, admiraba *machín* al "Rebeco", él me decía que para traer a una *ruca* debes respetarla, porque la mayoría de los *padrotes* se aloca, las quieren empedar y tener sexo de a gratis. El "Rebeco" no, él era inteligente; había una *chava* que tenía como 20 años, su *vieja* 23 y él unos 26. Se fueron a tomar y él la respetó, no se la cogió. Es algo que me enseñó, que tienes que dejar que las *viejas* se *enculen* unos 4-5 días, ya después te las puedes coger.

Vuelvo a lo mismo, aquí influye mucho el respeto a las muchachas, porque no las obligaban, ellas solitas le daban la fidelidad. Pero hay otros *padrotes* que no, otros sí son malos. Cuando veía eso, yo me salía. Me gustó la escuela del "Rebeco", sus valores y forma de pensar.

Más adelante, conocí a otra persona jarocha que decoraba interiores y eso me gustaba porque me llevaba a casas *chingonas* ahí en Puebla. Me llevaba a Zavaleta, a San Manuel, a Angelópolis, donde apenas estaban armando casas *chingonas*; me dedicaba a ratos a la decoración, colocando pastas, pero me gustaba más el otro ambiente. Yo me chingaba desde las 10 de la mañana hasta las 5-6 de la tarde y no ganaba ni la mitad de lo que ganaban los *padrotes*.

Me gustaba el ambiente de esos güeyes porque ellos tomaban, se divertían y dejaban a las *viejas* en el DF para que trabajaran. Cuando una *vieja* te traía "al tiro" te mandaban a ver *Pedro Navajas*, ése es el símbolo de los padrotes, Pedro Navajas no dejaba que Maribel Guardia le gritara, la traía muy movida. Lo respetaba.

Mucha gente dice que las prostitutas están ahí a fuerza, eso es mentira, los libros lo inventan. Todos creen que las mujeres son las víctimas, pero uno, como hombre, también sufre. Yo, por ejemplo, pasé muchos malos momentos, me ponían a las *viejas* y se encueraban, yo salía corriendo. Cuando haces eso, ellos te jalan porque no eres sucio y a ellos les sirves para que te enseñen. Me decían que tenía que aprender a manejar a las mujeres para después prostituirlas.

Yo era vago y me gustaba su ambiente porque no trabajaba, me *mochaban* dinero; me dieron la oportunidad de irme a Torreón a "levantar" *viejas*. Fuimos y nos trajimos a una bien bonita, blanca, como la Edith González.

Me gustaba trabajar con mis jefes, su ambiente era tranquilo, no eran violentos. Porque hay unos *padrotes* que sí son malos, les pegan a sus *viejas* y eso no me gusta. Yo realmente nunca me involucré con ninguna muchacha, lo que estoy contando fue lo que vi. Sí me hubiera gustado ser *padrote*, pero siempre me detuve por mis papás, ellos me decían que eso era malo, me regañaban y pegaban cuando me veían con ellos, pero a mí me gustaba eso, ni modo. Yo era como perro callejero, fumaban *mota* y consumía cocaína, así es la vida de un proxeneta, ellos se llegan a "aventar" 8 días así.

Me *chingaba* trabajando, me gustaba vivir 2-3 bien, vivía en la Roma, Nápoles, ahí la renta es de 10-11mil pesos. Tenía a mi *vieja*, Vanesa, ella me ayudaba trabajando, pero sí la pasamos difícil, tuvimos 3 hijas juntos. En ese momento yo era decorador, estaba *chavo*, no le entraba al negocio. Vivía a través del "Rebeco", él me traía de arriba para abajo; recuerdo una ocasión que le pedí que me acompañara a ver a su amigo el "Tribilín", para pedirle un dinero prestado. Nos subimos al Mustang y nos llevamos a su *ruca* para que nos acompañara, era la *chava* de Torreón, la güerita bonita. Llegamos con el "Tribilín" y el "Rebeco" se metió a hablar con él, mientras tanto, su *vieja* y yo fuimos por unas cervezas. Cuando salió el "Rebeco", estaba *encabronado*, me dijo que el *pinche* "Tribilín" se había burlado de mí, "Teniendo *vieja* tan guapa y pasando hambre". Ahí sí me *pegó*, hablé con el "Rebeco" y él me regañó, me dijo que le pidiera *paro* a Coral, así se llama esta *chava* de Torreón, para que trabajara para mí. Y ahí el "Rebeco" le metió la idea a la *vieja* ésta. Le dije que no quería, que la había traído para él, no para mí, y que si ahorita la estaba pasando mal económicamente, pronto me iba a alivianar. A veces no tenía ni para comer, íbamos Vanesa y yo a un restaurante, y yo no pedía nada, decía que no tenía hambre, pero, la verdad, era que no tenía dinero y prefería que comiera ella.

También hay muchos *padrotes* que se llevan a mujeres a Estados Unidos, eso empezó por ahí del 93, en ese tiempo eran como 100 *cafres*, todos *chambeaban* en Nueva York, se fueron a ser tratantes allá, muchos se fueron con sus esposas, pero vieron que era una *chinga*. Vieron la oportunidad porque se dieron cuenta de que el hombre quiere sexo, y si no lleva a su *vieja*, busca sexo en otro lado. Entonces crearon negocios falsos de estéticas, bares o tienditas, y trajeron a colombianas, venezolanas, de todo, dos, tres europeas, pero más de América. Cobraban 50 dólares el rato. Ya se murió uno de los fundadores, el "Camarón", fue el primero que llegó allá, él se empezó a "jalar" a la *banda*. Porque aquí no te va tan bien, una vieja te da apenas unos 500 pesos, allá sacan hasta 2,000 dólares a la semana. Además, allá son liberales, el sexo es algo normal. Apenas supe que Nueva York ya no era negocio, había más de mil proxenetas trabajando, entonces se fueron a Atlanta.

Conocí a varias mujeres que se aventaban hasta 60 *rounds* por día. Y había güeyes que decían: "No ando con ella porque ya está bien usada", *nomás* me daba risa. Pero eso porque ellas quieren, yo conocí a un güey, "Frijol", que sacó a una *vieja* de trabajar, le puso una farmacia, una casa, hasta coche del año tenía la *ruca*. Y ella le dijo que no, que de *puta* a señora de casa no iba a ser, que prefería salir y seguir trabajando, a estar todo el día encerrada en su casa. *Nombre*, unas golpizas nos platicaba él, porque llegaba y no estaba la *ruca*, ella trabajaba en Sullivan.

Yo sí llegué a querer a Vanesa, a pesar de que se cogiera a otros güeyes; a veces llegaba y me decía: "Hoy tuve sexo como 10 veces", y ni modo, la tenía que besar o abrazar. Sí me *enculé* de esa *vieja*. Y eso que ella era bien *culera*, me decía que yo no la llenaba, que yo no lo tenía grande, que no se lo hacía bien. Y decirle eso a un hombre, lo *bajonea*. Porque ella me decía que las mujeres, cuando ven algo grande, hasta se hincan para hacerle sexo, y me daba un coraje que hablara así, pero me tenía que aguantar porque me gustaba, para mí era una niña bien *simpaticona* y me gustaba mucho, la mamá de mis hijas.

Algo que no se hizo nunca en mi pueblo es la prostitución de menores, en la ciudad sí lo hacen, aquí la gente es *lacra*. Hasta niños dicen que prostituyen. Pero allá te linchan. Por ejemplo, si a mi hija la mete a prostituir un güey, voy y le cobro la vida.

Hasta para los *padrotes* hay códigos, por ejemplo: un *padrote* debe tener dinero, 3-4 *viejas,* mínimo, porque luego les da gonorrea u otra enfermedad y debes tener un repuesto. Ahorita ya es más difícil porque muchas mujeres no le dan dinero solo a su *padrote,* sino que le mandan a su familia. Viridiana y yo juntábamos una tanda para ayudar a su mamá porque, apenas, le dio un derrame cerebral a su abuela, entonces todo ese dinero de la tanda se lo mandábamos. Es enseñarles disciplina, que sean responsables, porque si las enseñas a *huevonear*, se hacen mañosas. También depende de dónde vivas, porque si vas a vivir en Neza, donde rentas un cuarto de 4 por 4 metros, nunca va a progresar. Yo lo vi, un *vato* que conocí en Garibaldi me llevó hasta Neza, y vi a su *vieja*, bonita, morena, caderona. El *vato* decía que no la "armaba" en la Merced, ¡cómo no la iba a "armar"!, si su *vieja* estaba re buena. Otra cosa era el "Sonrisas", ese *vato* tenía *cantón* chido, yo le llegué a colocar pasta ahí, de cuando trabajaba en eso de las casas; este *vato* vivía en Nápoles, lugares bien, por eso le pedí que le diera *chance* a mi *carnal*, que le ayudara a sacar a su *ruca* de Neza y la pasara a Sullivan. El primer día que se paró en Sullivan ganó 6,000 mil pesos, *pinche* diferencia. Es que, repito, uno las tiene que acostumbrar a ganar mejor, que ellas vean progreso y necesidad de pagar, a lo mejor, una renta de 9-10,000 pesos, porque si no, se hacen *pendejas*. De llevarlas a Tepito, a que las lleves a Plaza Delta, es una diferencia, porque ellos sí las consienten, las llevan a plazas y les dan 15,000 pesos para que gasten en lo que quieran y se sientan libres. Mi *carnalito* "Rebeco" murió apenas, acabó mal con otro güey y se lo *chingaron*, descanse en paz.

Siempre quise una vida como la de los *padrotes*, ellos tienen dinero para hacer lo que quieran, y uno es pobre, siempre lo ha sido. Porque a mí me dieron la oportunidad de "mover" a 2-3 *rucas*, pero nunca quise, mi prejuicio y mis valores me lo impedían.

Cuando me detuvieron tenía 38 años, fue hace 10 años en Puebla, había ido por mi suegra para traerla para acá, pero ya tenía una demanda anónima. Yo me sentía mal por lo de Vanesa, lo de su adicción, era ninfómana y las cosas no estaban tan bien entre nosotros. En fin, fui por mi suegra a Puebla y ahí me enteré que una sobrina hizo una llamada anónima para denunciarme, la policía me venía siguiendo desde hacía rato. Ese día fui con mi suegra, mis hijas y mi cuñada al Africam Safari; mis niñas estaban chiquitas, tenían 2 años. Me detuvo la policía y me llevaron de Puebla al DF, pero en el trayecto me *chingaron*, se pararon atrás de una gasolinera y me dieron una *madriza*, y cuando llegué aquí y me hicieron los exámenes médicos, el doctor dijo que no tenía nada, se hizo güey.

Vanesa aprovechó el *pedo* y me puso una denuncia para quitarme a mis hijas, dijo que yo tenía un kilo de cocaína y armas en la cajuela, que la prostituía y no sé cuánta madre más. Me dieron otra *madriza* para que firmara mi declaración, porque yo nunca declaré, la misma policía hizo el documento y nada más me dijeron que lo firmara.

Me acusan de trata de personas, de 4, para ser específicos, pero yo nunca me declaré culpable, ellos me hicieron firmar a la fuerza, en el arraigo me sacaban en la madrugada para darme unas *putizas* y tenerme con miedo. El *pedo* es que tengo denuncias por parte de varias personas, por ejemplo, una *chava*, Luisa, dice que yo la llevé al *gabacho* a prostituirse, pero no es verdad, se la llevó otro güey, al que mataron, y la dejó allá, entonces su papá, como me conoce desde niño, me aventó la *bronca*. Porque yo sí tenía varias *viejas*, pero no las prostituía, con la única que hice *business* fue con Vanesa.

Aquí en la cárcel me cuido mucho, todos se drogan, pero yo prefiero pasar hambre a quitármela con esas *madres*. Siempre me he cuidado en la calle, he convivido con matones, asesinos y narcos, pero con las drogas nunca he tenido problemas. He trabajado mucho y aquí no va a ser la excepción, estoy escribiendo un libro que, espero, se publique pronto, me gustaría contar muchas cosas más. En fin, esto es solo una pequeña parte de mi vida.

## NATY: SUPE LO QUE TENÍA QUE HACER PARA SALVAR A MI HIJO, EMPECÉ A PROSTITUIRME

Nací en Tabasco, ahí viví con mi familia hasta los 15 años. Soy la hija menor de 4 hermanas, ninguna de ellos terminó una carrera o estudió algo más, y eso influyó en mi educación, todos esperaban algo de mí, así que me centré en la escuela, cursé la primaria y secundaria con mucha dedicación, tenía buenas notas y estaba dentro del cuadro de honor, yo veía un buen futuro, tenía muchas aspiraciones y metas. Lamentablemente, no recibí una buena guía, y no culpo a mis papás, pero sí sentí mucha ausencia de su parte, nunca tuve a mi mamá o a mi papá que se sentaran conmigo a hacer tarea o a interesarse en lo que hacía.

Mi papá era alcohólico, golpeador, mujeriego, tengo varias escenas en la cabeza de mi papá golpeando a mi mamá, la recuerdo cubriéndonos con su propio cuerpo para que mi papá no nos pegara; mi mamá trabajaba remendando ropa, aprendió ese oficio para sacarnos adelante. Ahora que soy mamá la entiendo, admiro esa garra que tenía para protegernos. De ella aprendí mucho, nos enseñó a trabajar, a echarle muchas ganas, había días en los que yo me iba a dormir y cuando despertaba, ella seguía trabajando, no paraba. Gracias a eso nos pudo dar, a mis hermanas y a mí, buenas cosas, trataba de tenernos bien vestidas, bien calzadas, en fin, nos tenía bien.

También era muy consentidora, yo tomé biberón hasta los 7 años, me cuenta que le daba mucha ternura verme con mi mamila, así que me dejó tantos años.

En ese tiempo mi papá no vivía con nosotras, él se desentendió muchos años, fue hasta que conoció a Dios, cuando yo tendría unos 8 años, que regresó. Ahí sí, mis hermanas lo sufrieron más, porque ellas estaban más grandes y convivieron con él y su maltrato por más tiempo. Yo lo sufrí de otra forma, el hecho de no tener un padre presente me afectó; además, él siempre quiso un hijo varón, y nosotras somos puras mujeres, entonces sentía el rechazo de su parte. Y peor conmigo, porque yo fui su última esperanza, el "pilón" para que saliera un varón, y salí yo, entonces le frustré sus esperanzas. Supe que después tuvieron la pérdida de un hijo en el embarazo de mi mamá, eso acabó con su matrimonio.

Las cosas se fueron para abajo en la casa, de por sí mis hermanas jamás me hicieron caso, solo me usaban para hacer sus travesuras, yo era su "chivo expiatorio", pues ahora con la situación de mis papás, peor.

La violencia con mi papá aumentó, ya no solo atacaba a mi mamá, sino también a nosotras; es que él viene de una cadena de mucha violencia, sus papás lo trataron mucho peor que él a nosotras, y aunque no lo justifico, no lo culpo, porque, lamentablemente, así creció, a puro *madrazo*. De alguna manera, el agredido se volvió agresor, replicó algunas conductas con nosotras, porque él tampoco tuvo una guía, tomó las herramientas que tenía a la mano y así nos educó.

Mi mamá es muy orgullosa, "los trapos sucios se lavan en casa", por eso nunca habló de sus problemas. Nos educó a nunca pedir nada, ni siquiera ayuda, y eso me afectó mucho, ahora que lo veo a la distancia, si yo hubiera pedido ayuda en su momento, a lo mejor no estaría aquí.

De hecho, cuando tuve a mi primer bebé, su papá me dio una *madriza*, y la aguanté; cuando supe que estaba embarazada de mi segundo bebé, pensé: "No, ya no voy a aguantarme, no voy a repetir la historia de mi mamá". Con el miedo de que la sociedad no acepta a una madre soltera de 18 años, que es la edad que tenía en ese entonces, no me importó, porque soy una leona por naturaleza, tenía que cuidar a mis cachorros. Tomé la mejor decisión que pude y dejé al papá de mis hijos, rompí con la cadena que venía arrastrando de mi mamá. Porque, a lo mejor, hubiera aguantado que me pegara, pero cuando me enteré que estaba embarazada tuve una regresión y vi a mi mamá corriendo con nosotras, escondiéndonos debajo de la cama para que mi papá no nos pegara; son muchas cosas que no quiero repetir, yo voy a proteger a mis hijos por encima de todo. Sé el daño psicológico que provoca la violencia y no quiero que mis hijos lo vivan. Huí, me desaparecí de su vida, y a la fecha sigo perdida para él.

Conocí al papá de mis hijos en Veracruz, fui allá para estudiar la universidad; un señor, amigo de mi hermana, una persona de muy buen corazón, nos dio, a mi hermana y a mí, casa y apoyo en lo que encontrábamos trabajo y juntábamos dinero para pagarnos la universidad. Tuvimos buena racha, conseguimos trabajo y yo hice mi examen para la universidad, ahí conocí al papá de mis hijos; él me dijo que ¿para qué estudiaba?, que me saliera incluso de trabajar y él me mantenía, y uno, enamorada, hace cosas bien tontas, así que dejé de estudiar y trabajar, lo demás es historia.

Mis papás ya se habían ido de Tabasco, se instalaron aquí en Cancún, y cuando les dije que me había separado del papá de mis hijos, me dijeron que me viniera acá con ellos. Al principio lo dudé, algunas personas no pintaban a Cancún como un paraíso, al contrario, me decían que estaba muy fea la cosa, pero me decidí porque, para mí, lo más factible, era estar cerca de mi familia.

Ya en Cancún, me puse a trabajar con mi mamá vendiendo cosas en el mercado, después me fui a una plaza en la Zona hotelera a trabajar como cajera. Las cosas se complicaron cuando mi hijo desarrolló una condición respiratoria, él nació prematuro y algo falló, así que mi sueldo ya no alcanzaba para cubrir mis gastos y el pediatra de mi bebé, además requería de muchas medicinas y terapias. Me sentía atada, no podía ayudar a mi hijo y me dolía verlo así, yo haría lo que sea por mis hijos, así lo hice…

Vi un anuncio en el periódico en el que ofrecían servicios de masajes, ahí supe lo que tenía que hacer para salvar a mi hijo, empecé a prostituirme. Yo ya sabía cómo eran las cosas, uno no es inocente, pensé que podía ganar un buen sueldo, y aunque sabía que era un delito, no me importó, lo único que quería era que mi hijo estuviera bien.

Me presenté en el trabajo y me hicieron una especie de "entrevista", me aceptaron luego luego, yo estaba delgadita, joven, guapa, tenía el pelo largo, era atractiva para los extranjeros, así me dijeron. La persona que me contrató incluso hizo el comentario: "Pareces niña de escuela, vas a ganar bien", porque siempre me he vestido muy formal.

Comencé a trabajar como prostituta a los 18 años, ya tenía a mis hijos; el trabajo era en Playa del Carmen, vivíamos, mis compañeras y yo, en una casa muy resguardada, ahí nos quedábamos y salíamos solo cuando nos contrataba alguna persona. Mis hijos se quedaron con mis papás en Cancún, los veía cuando tenía descanso, que era cada 15 días, aproximadamente, porque al principio me dijeron que trabajaba una semana de corrido y descansabas 10 o 15 días, pero después me subieron los días de trabajo y nada más me daban 3 o 4 días de descanso, a veces pasaba un mes sin ver a mis hijos. Aunque ya no estaba a gusto, no estaba acostumbrada a decir "no", en mi mente no estaba la idea de que las personas podían aprovecharse de mí, usarme, por eso aguanté tanto.

Otra cosa que influyó es que la persona que me contrató era muy amable, la casa en la que vivía era bonita, aclimatada, no me faltaba nada, me daban comida, ropa, incluso íbamos a los mejores clubes a divertirnos, nos tenían "bien". Por eso no vi las banderas rojas, en mi mente no había nada malo con la situación; ahora que lo veo, estaba, de una forma, secuestrada, porque, a pesar de que nosotras éramos "libres" de salir, siempre tenía que ser con una persona de la casa que nos "cuidara", decían que era por nuestra seguridad. Podía ir a los mejores restaurantes, comprar en las mejores tiendas, pero siempre vigilada por alguien, siempre siguiendo sus órdenes de no hablar con nadie, no irme para otro lado, o sea, tenerme controlada.

Normalmente, atendía a 5 o 6 clientes por día. De eso, yo me quedaba con la mitad de lo que ellos cobraban, porque nunca recibí directamente dinero de los clientes. Aquí nos contrataban de todo, desde albañiles hasta empresarios, muchos de ellos famosos, yo llegué a ver a varios en la televisión. Ah, otra cosa que hacían era condicionarnos con eso, si te "castigaban", dabas servicio a puros albañiles, a ellos les cobrábamos 300 pesos el masaje; en cambio, si te "portabas bien", atendías a empresarios, gente de dinero, ahí cobrabas más. Y, aunque siempre tuvimos la libertad de irnos, nos tenían atadas con el dinero, nos decían que nos fuéramos, pero que el pago se iba a tardar en llegar a nuestras cuentas, cosa que nunca pasaba. Así estuve alrededor de 2 años.

Empezaron los maltratos físicos, verbales, la intimidación por parte de los jefes y hasta de tus propias compañeras, porque una vez que llegaba una nueva, a ti te hacían el feo, tú ya eras "mercancía usada".

No sé si la *madrota*, que era la señora que manejaba todo esto, vio potencial en mí o me agarró de tonta, pero empezó a darme otras responsabilidades, ya no solo el sexo servicio, sino que me mandaba a coordinar a las muchachas o a dar la cara en lugar de ella. Y por esto no me pagaban extra, no, yo solo cobraba si tenía citas; pero, eso sí, si las cosas salían mal, entonces me culpaban y me descontaban de mi sueldo, era su forma de castigarme, al menos al principio. Después empezaron los castigos físicos, los azotes; y no solo era el dolor físico, sino que lo hacían delante de todas, era una forma de humillarte.

Las chicas que trabajábamos ahí teníamos un perfil, muchachas de 18 a 25 años, no más grandes, pero sí más chicas, porque, aunque dijeran que todas tenían mínimo 18, uno veía a unas que tenían todavía su carita chiquita, sus voces eran de niña. Luego llegaban unas que sí, abiertamente, decían que no tenían la mayoría de edad, pero nos pedían darles una oportunidad, casi rogando llegaban, entonces les decíamos que estaba bien, pero que solo no dijeran su edad real.

Ahora, desde aquí, me arrepiento mucho de no actuar como debía, porque pude hacerlo y decidí seguir en ese juego. Ya había dejado a un golpeador, salí de ese círculo gracias a mi fuerza de voluntad; pero en esos años yo estaba cegada, la persona que me tenía trabajando en la casa me golpeaba, me humillaba, me trataba como basura, pero después me hablaba bonito, me sacaba a comer a un restaurante caro, me compraba ropa, joyas, lo que quisiera, decía que él me lo regalaba, que no me iba a descontar nada, me manipulaba psicológicamente para que yo siguiera ahí, aguantando todo.

Y, ahora, yo no me quedaba con el dinero que ganaba, la mayoría se lo mandaba a mi mamá para que pagara las terapias y los tratamientos de mi hijo. Porque de niña sufrí muchas carencias, a pesar de que mi mamá se doblaba el lomo trabajando, no era suficiente, entonces yo por eso quería que mis hijos tuvieran lo mejor, todo lo que yo no tuve.

Toda esta presión hizo que me refugiara en las drogas, consumía cocaína, *tachas*, mariguana; y aunque no me hacía sentir mejor, sí me dopaba. No sé por qué caí en eso, yo era una niña bien, pero me desvié y quise ser una niña mala. En la casa tenían una regla: cero drogas, si te vas a drogar, que sea solo con los clientes. Porque ellos mismos te proporcionan la droga, se las meten en la cuenta y cobras mejor.

Ahora me doy cuenta que hay un patrón de comportamiento en todas estas muchachas que llegaban, bueno, que llegamos a prostituirnos, siento que en el fondo sufrimos una carencia o sufrimos de un abuso que nos orilla a estar en situaciones donde te vuelves víctima, donde no te defiendes y dejas que otros pasen por encima de ti. Conocí a muchas mujeres que me contaban historias más o menos similares a la mía, que tenían hijos enfermos o necesitados, o que apoyaban a su mamá económicamente, y me veía reflejada en ellas. Recuerdo que les enseñaba a sacar propinas, porque yo era muy buena para eso; también les enseñaba cómo pintarse, cómo vestirse, cómo sacar el mejor provecho de su cuerpo para que consiguieran buenos clientes.

Otra cosa importante es saber tratar a los clientes, porque es muy difícil manejar a un cliente borracho o drogado, entonces yo pasaba tips a las nuevas para que supieran qué hacer en esas situaciones.

Pude salir de esto gracias a una persona que conocí por medio de redes sociales, comenzamos a platicar y nos hicimos amigos. Él me dijo que me quería conocer en persona, me dijo que podía pasar por mí a mi trabajo; para esto, yo no decía en qué trabajaba, obvio, me daba vergüenza. Me hice amiga de esta persona, solo amigos, porque la regla en la casa era que no podíamos tener novio, se nos educó con la idea de que los hombres eran basura, solo nos querían para quitarnos el dinero, eran lo peor de lo peor. Obvio, nunca le conté a nadie de esto, me daba miedo que me descubrieran y me castigaran, así que ideé un plan, le dije a la *madrota* que me sentía cansada, que necesitaba vacaciones; coincidió que entraron nuevas chicas y pude tomarme mis vacaciones como si nada.

Tanto era el control que ejercía que me dijo que me daba las vacaciones, pero que ella en persona me llevaba a mi casa, con mis papás, y que ahí me tenía que quedar. Mi familia la conocía, les dije que yo era su asistente, y ellos, buenas personas, la trataban de lo mejor, pensaban que ella me trataba súper bien, que me daba buen sueldo, me consentía, etcétera. Total, agarramos el coche e íbamos camino a mi casa, pero con tan mala suerte que, justo cuando me bajé a comprar algo al Oxxo, me llegó un mensaje de esta persona con la que me iba a ver. La *madrota* lo leyó y se enojó mucho, me dijo que no iba a permitir que me fuera con un *pelado*, que en ese momento nos regresábamos a Playa (del Carmen); yo le endulcé el oído, le dije que era un amigo nada más, que me diera permiso, que iba solo un rato y después me regresaba, en fin, la convencí y yo me vi con esta persona. Él era empresario en Cancún, me dijo que me mudara allá, que él me podía dar trabajo y ayudarme con mis hijos, se portó muy bien conmigo, tan así, que le confesé a lo que me dedicaba, le dije toda la verdad. Me enamoré y me salí de trabajar, pero no me duró el gusto y al poco tiempo regresé con la *matrona*.

Estoy aquí, acusada de trata de personas. En la denuncia dicen que yo era la segunda al mando de la *matrona*, que yo puse un anuncio en el periódico que resultó en fines sexuales. Es que, como mencioné, la *matrona* me dio más responsabilidades, cerré varios negocios en su nombre, me presenté en varios lados representándola. Otra cosa que hacía, y que me arrepiento, era despedir a las chicas, yo las corría y nunca les pagaba su dinero, y no por mí, sino porque eran órdenes que me daban, y ahora yo pienso en esas pobres muchachas que, al igual que yo, tenían una necesidad, *ocupaban* el dinero.

También me encargaba de mantener el orden en la casa, y eso me acarreó muchos problemas con las demás chicas, porque yo cualquier cosa que viera o les encontrara, lo reportaba. De igual forma, si ellas querían ir a la tienda o a otro lado fuera de la casa, me tenían que avisar a mí y yo las llevaba; gradualmente, me convertí en esa persona que yo antes odiaba, la que te está cuidando, vigilando, la que está sobre ti todo el tiempo. Yo no lo veía mal, no me daba cuenta, lo veía como un trabajo más, como algo que formaba parte de mis actividades. Eso sí, nunca las intimidé, solamente seguía órdenes y así se los decía: "Van a hacer esto porque ella lo ordena, no porque yo lo diga". Todo esto me dio poder, seguridad, porque ya no me estaba prostituyendo, ahora solo veía que las otras muchachas "se portaran bien".

Me detuvieron por dos denuncias puestas en mi contra, de dos *chiquillas* que, dicen, ser menores de edad al momento del reclutamiento. Sí las recuerdo, llegaron con identificaciones falsas a pedir trabajo conmigo, nuevamente, yo ya era la que hacía los negocios en nombre de la *matrona*, entonces la cara la ponía yo, la que contrataba a las muchachas, la que iba al banco a depositarles el sueldo, la que las corría o las contrataba era yo, por eso ellas me acusan a mí y no a ella.

Bueno, las muchachas se enojaron por una situación que hubo con su pago, no les di su sueldo completo. Es que en ese entonces yo tenía un estilo de vida muy por encima de lo que ganaba, me gustaban las cosas caras y me gastaba todo mi dinero en comprarme ropa, joyas, lo que fuera. Y cuando no me alcanzaba con lo mío, agarraba el dinero de las demás, yo era la administradora y tenía control sobre sus sueldos. Por eso estas chicas se enojaron, porque no les pagué completo y me gasté su dinero, y las entiendo, ahora las entiendo. Por eso ellas pusieron la denuncia.

Cuando caí en la cárcel seguía cegada por la *matrona*, ella me dijo que me iba a ayudar, pero que me echara toda la culpa, yo accedí. Mi pareja me quiso convencer de que no lo hiciera, me intentó abrir los ojos diciendo que esa señora no me iba a ayudar, ni siquiera me había mandado un abogado, pero yo seguía creyendo en ella, incluso puedo decir que le tenía un cariño. Mi pareja intentó razonar conmigo, pero nunca le hice caso, la manipulación psicológica que hizo en mí la señora ésta era tal que yo le era fiel a ella y nada más.

Aquí en la cárcel me convertí en mamá, es algo que me dio y que agradezco, de alguna forma. Llegué aquí con esposo, pero afuera hubo mucha persecución hacia él, no sé si por parte de los fiscales, los judiciales o de algún cártel, pero él tuvo que irse de Cancún, ya no podía vivir tranquilo aquí, así que me quedé sola.

Él había prometido esperarme, serme fiel y seguir con la relación, pero una vez que se fue, las cosas entre nosotros se "enfriaron", y él faltó a su palabra, me engañó con otra; y chistoso, él me decía que no fuera a meterme con ningún *malandro*, que me portara bien, pero él bien que andaba con otra. Entonces, cuando me trasladaron de penal, me conseguí a una pareja, un "malandro", como él decía, esa fue mi manera de vengarme, de demostrarle que no tenía poder sobre mí, lo hice porque me sentía lastimada, sola, agotada. Fue cuando me embaracé.

A los 3 meses de embarazo me trasladaron a otra cárcel en otra ciudad, y aunque tuve la oportunidad de llevarme cosas que había ido juntando, no lo hice, a lo mejor por orgullo, a lo mejor por tonta, no sé, pero me fui sin nada. Cuando llegué a la otra cárcel padecí mucho, tuve mucha necesidad; había escuchado que las embarazadas padecían de antojos, que hasta babean de antojo, pero eso nunca me había pasado, fue hasta aquí que lo entendí, entonces la sufrí.

Uno, como dije, hace todo por los hijos, y cuando caí en cuenta de que tenía un bebé en camino, empecé a trabajar para sacarlo adelante, me puse a hacer pulseras, artesanías, incluso pedía apoyo, algo que nunca había hecho.

Ahora que soy cristiana puedo entender que esto que vivo es un plan que Dios tenía para mí, que la vida tiene matices y que me tocaba vivir esto. Tenía 27 años cuando me detuvieron, 10 años ejerciendo la prostitución, ya era momento de parar. Gracias a Dios, encontré a muchas personas que me abrieron las puertas y me ayudaron a salir adelante.

Aunque pude mantenerme bien, me hacía falta la parte sentimental, yo adoro a mi mamá, y me dolía en el alma no estar con ella, más con esta situación de mi embarazo. Decidí pedir mi traslado a Cancún, para estar con mi familia, y esa decisión conllevó a que me despidiera del papá de mi hijo, que estaba preso en el mismo penal que yo. Me fui sin mirar atrás y encontré mejor vida, las condiciones en este penal son mucho mejores que en el anterior, aquí encontré a una persona que me quiso comprar mis artesanías, pero le dije que, en lugar de dinero, me diera comida, cosas para la limpieza y de aseo personal, es lo único que le pedía.

Trabajé durante todo mi embarazo hasta que llegó el momento de dar a luz, eso fue dificilísimo porque hay protocolos en la cárcel, no puedes llegar y que te abran la puerta para ir al hospital así porque sí, debes tener una orden judicial emitida por un juez. Total que, tuve a mi bebé, pero con mucha deficiencia, tanto en la atención médica como en las condiciones de higiene, etcétera. Luego vino el Covid y pararon las visitas, por lo tanto, no había dinero, no había leche, pañales, aunque le di pecho un tiempo, necesitaba vitaminas y demás. Me partí en mil pedazos para darle lo necesario a mi hijo, si no vendía pulseras, vendía artesanías, hacía limpieza, lavaba ajeno, vendía comida, hacía de todo. Fui una mamá muy dedicada, no dejaba que nadie tocara a mi bebé, yo le hacía todo, lo bañaba, lo cambiaba, le daba de comer, todo conmigo. Pero el bebé fue creciendo, necesitaba un espacio diferente, aquí no es vida, porque la pena que estoy pagando es mía, no de él, por eso decidí sacarlo de aquí cuando tenía 11 meses.

Tomé esa decisión por muchas razones, primero, porque la salud médica aquí es malísima, si es mala para nosotras como internas, peor para un bebé; luego, por el espacio, aquí son espacios muy limitados, no están adaptados para bebés, ellos son los que se tienen que adaptar al espacio, y no es justo para ellos; además, las compañeras eran muy feas, mujeres que siendo madres me decían que aquí no era guardería, que me largara con todo y *chamaco*. Fue una decisión muy difícil, porque mi bebé me daba mucha paz, era mi compañerito en este lugar, hablaba con él y lo atendía, eso hacía que el tiempo se me pasara más rápido; pero un día tuve un accidente, me sentía enferma y, en un descuido de mi parte, mi bebé se quemó con un pocillo de agua que estaba calentando, eso fue lo que detonó todo, fue cuando dije: "No más, este lugar no es para un bebé", y decidí sacarlo de aquí.

Mi mamá es mi más grande apoyo, ella se hizo cargo de mis hijos, a pesar de que ya está grande, es una abuela con un corazón enorme. A veces, incluso, los trae a visita. Por eso agradezco infinitamente a Dios por poner en mi camino a todas las personas que me ayudaron, Él, en su bondad, me ha sacado adelante, gracias a Él estoy hoy aquí.

Ya me falta poco para salir, en el 2024 se cumple mi sentencia, pero mis abogados me acaban de dar la sorpresa de que no solo tengo que cumplir mi sentencia, sino que tengo que pagarle a la víctima una indemnización por 1 millón y *cacho* de pesos, así que no sé cómo le voy a hacer.

No sé si algún día acabemos con la trata de personas, no lo creo, no lo sé, pero lo que sí sé es que debemos amar a nuestras niñas, darles confianza y guiarlas para que no caigan en estas situaciones. Porque si tú tienes confianza en ti y en lo que vales, la gente no te puede confundir, no puede usarte ni forzarte a nada. Por último, quiero pedirle perdón a las personas que dañé, no las culpo, no las odio, lo único que quiero es que me perdonen.

## AÍDA: FORCEJEAMOS Y ME ARRANCÓ LA ROPA, ME DEJÓ DESNUDA

Me llamo Aída, tengo 30 años y soy de México. Nací en una familia normal, aunque desde niña recuerdo que mis papás siempre han tenido el tema de querer separarse, pero por mí o mis hermanos, se detienen. Ellos son muy dedicados a nosotros, nos han dado todo. Tengo dos hermanos más chicos que yo, uno de 20 y otro de 14; somos una familia muy unida, lo damos todo por estar juntos y felices, así nos enseñaron. Solo una vez me he sentido alejada de ellos, en el 2011, cuando todo esto pasó, y no es por echarles la culpa, sé que ellos hicieron lo mejor que pudieron y les agradezco, pero siento que sí necesité su atención y ellos estaban ausentes.

Soy mamá de un niño y dos niñas, el primero lo tuve a los 21 años, la verdad, no lo tenía planeado, pero llegó a mi vida y lo amo; tuve a mi primera niña años más tarde, a ella sí la planificamos, y ahorita mi tercera bebé fue "bebé pandemia".

Mi historia empieza a principios del 2011, cuando tenía 17 años; en ese tiempo estaba muy de moda una red social llamada *Hi5*, y a mí siempre me ha llamado la atención la onda tecnológica, soy de estarle moviendo a todo, jugando con los celulares, etcétera. Lo que a mí me atrapó de *Hi5* fue que tú podías programar tu perfil como quisieras, la plataforma te daba la libertad de poner imágenes, música, colores, en fin, hacerlo totalmente a tu estilo.

Un día, me llegó una solicitud de amistad de una persona de nombre Araceli, la acepté, por lo general, solo aceptaba mujeres, confiaba en ellas. Esta persona no fue invasiva, al principio, solo le daba *like* a mis *posts* o a las fotos que compartía, nunca comentaba ni me escribía directamente. Pasó el tiempo y un día recibí un mensaje de ella preguntándome cómo le había hecho para ponerle un "tema" a mi perfil, o sea, personalizarlo; le expliqué y empezamos a generar cierta confianza, hablábamos relativamente seguido y nos compartíamos cosas.

Después de unas semanas, ella me contó que tenía problemas en su casa, sus papás estaban separados y ella tenía problemas con su mamá porque su mamá tenía una nueva pareja. Esta situación me hizo tenerle más confianza, de alguna forma, me identificaba por lo que estaba viviendo, aunque mis papás no estaban, como tal, divorciados, sí había mucha fricción en mi casa.

La relación se hizo más estrecha, hablábamos diario y nos contábamos todo lo que hacíamos en nuestro día a día; ella me dijo que tenía un novio que manejaba una agencia de modelaje, me platicó mucho sobre él y sobre la agencia, lo pintaba como el mejor novio del mundo, casi casi. En un punto, ella me contó que se prostituía, pero nunca mencionó que su novio era el que la estaba "manejando", incluso llegué a pensar que el novio de la mamá era el que la estaba obligando a eso, porque me contaba que ella tenía muchos problemas con él y que su mamá nunca hacía nada, entonces yo le intentaba dar consejos o apoyarla con eso.

En este momento, ya no hablábamos solo por *Hi5*, sino también por Messenger, incluso hacíamos video llamadas, pero no la conocía en persona; un día me escribió para contarme que su mamá se había enojado mucho con ella por cuestiones de su padrastro, que pelearon muy fuerte y que se iba a ir a vivir con su novio. Me pidió que yo pactara con su novio la hora de la "fuga" y el lugar en donde se iba a ver, bueno, se suponía que ellos ya lo habían hablado, lo único que yo tenía que hacer era coordinarlo, por así decirlo. Le hablé al novio, se llama Abel, y lo primero que me dijo fue: "¿De dónde sacaste mi número?", en un tono muy serio, como sorprendido; le expliqué que hablaba de parte de Araceli y quería confirmar la hora y lugar donde se iban a ver, él se quedó más tranquilo, su tono de voz y actitud cambió. Puedo asegurar que su reacción sorprendida era actuada dado que él sí esperaba mi llamada.

A los dos días recibí una llamada a mi casa, eran Araceli y Abel, ya estaban juntos. Me dieron las gracias por ayudarlos y todo muy bien, pero me saltó que me hayan marcado a mi casa, o sea, yo nunca compartí mis datos, nunca les di mi número, entonces Araceli me explicó que Abel tenía identificador de llamadas y por eso lo sabían, incluso me dijeron que, si me molestaba, ya no me volvían a marcar, que no había problema; en ese momento se me hizo lógico todo, no le vi nada malo, les dije que no se preocuparan y los felicité por ya estar juntos.

A partir de ahí empezamos a hablarnos muy seguido, todos los días me marcaban, y ya no solo era Araceli, sino también Abel. Empezaron a sacarme información sin que yo me diera cuenta; por ejemplo, me marcaban y preguntaban: "¿Qué haces? ¿Ya vas a comer con tu mamá? ¿Estás jugando con tu hermano?", entonces yo les decía que no, que estaba sola, que iba a hacer tal o cual cosa, o sea, les di mi rutina y el contexto de cómo vivía.

Porque, como paréntesis, mis papás casi nunca estaban en casa, ellos tenían un negocio propio y tenían que ir casi diario al Centro, me dejaban temprano en la escuela y se iban, en ese momento yo estaba en la prepa, salía y me regresaba sola a mi casa, ahí me quedaba hasta las 8-9 de la noche que ellos regresaban de trabajar, si bien no era diario, fue suficiente para yo caer en las manos equivocadas.

Las llamadas de Araceli y Abel me hacían sentir acompañada, querida, porque yo sentía mucha ausencia por parte de mis papás, sé que ellos me querían, pero en el fondo sentía que no me ponían atención y que no era su prioridad.

Araceli me contaba de la agencia de modelaje de su novio, decía que ahí le iba muy bien, que ganaba 7,000 pesos a la semana haciendo castings y modelaje. Le contestaba que estaba bien, pero que yo no quería, a mí no me gustaba eso, además, mis papás no estarían de acuerdo en que me metiera a modelar. Para esto, Araceli decía que tenía 18 años y su novio era mayor, por eso ellos no tenían problema con que sus papás les dieran permiso o no, pero yo estaba chica, todavía le tenía cierto miedo o respeto a mis papás, entonces de ahí me agarraba para no aceptar lo de la agencia.

Pero ellos seguían insistiendo, me compartieron las páginas web de la agencia, su perfil de Facebook, todo para darme cierta confianza; y sí se veía muy real, me metí a los links y los busqué en internet y se veía como una agencia seria, pero, a pesar de eso, me negaba, no quería trabajar ahí, se los dije un millón de veces.

Como vieron que yo no iba a aceptar trabajar en la agencia, se fueron por otro camino, me preguntaban cuándo nos podíamos ver en persona para conocernos y platicar, ir por un café; para esto, ya llevábamos meses hablando, así que acepté.

El día que habíamos quedado de vernos desperté inquieta, algo dentro de mí no estaba a gusto, así que les cancelé al último momento. Ellos se enojaron muchísimo, más Abel, que incluso me dijo que por mi culpa Araceli había perdido todo el día, que los 7,000 pesos que pensaba ganarse hoy, se habían ido a la basura, en fin, me hizo sentir responsable y culpable porque Araceli, según, estudiaba y trabajaba, necesitaba el dinero. Le pedí perdón y agendamos otra cita, cita a la cual tampoco pude ir, ahora por cuestiones de mi familia, mis papás me llevaron con ellos al Centro y estuve ahí todo el día. Esta segunda ocasión ya no se enojaron, pero empecé a ver cosas raras.

Coincidió que mi computadora se descompuso, estuve una semana o dos sin conectarme; la llevamos con un primo que arreglaba computadoras y les dijo a mis papás que convenía comprar una nueva, porque repararla era pagar unos 5,000 pesos de contado. Mi papá no quiso, dijo que no había dinero y no valía la pena, entonces ahí yo me acordé de la agencia de modelaje, si Julieta ganaba 7,000 a la semana, entonces yo podía ir unos días y juntar para comprarme una nueva computadora.

Estuve unos días enojada con mis papás por no querer arreglar la computadora, ya que en ella encontraba cierta distracción, además, como mencionaba en un inicio, me gustaba mucho la tecnología y al mismo tiempo ayudaba a olvidar de situaciones que atravesábamos como familia, eso hizo que la idea de meterme a la agencia se sembrara más fuerte en mi cabeza. Un día marcó Abel a mi casa, sin saber que mis papás estaban ahí, contestó mi papá y Abel, sin saber qué decir, preguntó si ahí lavaban ropa, mi papá le dijo que no y colgó. Ahí mis papás empezaron a sospechar, me preguntaron si esa llamada era para mí, que quién me marcaba, que por qué no dio la cara, en fin, me interrogaron de todo, pero yo lo negué.

Días después fueron las vacaciones de Semana Santa, el viernes salí más temprano de lo normal de la escuela, a las 10:00, pero no les dije nada a mis papás. Mi idea era ir temprano a conocer la agencia, ver cómo estaba la onda, obtener más información de cómo funcionaba y, si no me gustaba, además de regresarme a mi casa como si nada, simplemente no aceptar ir una segunda ocasión.

Ellos nunca me dijeron la dirección de la agencia, según, estaba difícil llegar y me podía perder; me dijeron que tomara un taxi y que, una vez arriba, le pasara el celular al taxista para que le dijeran a él cómo llegar. Seguí las indicaciones y, una vez que el taxista habló con ellos, le pregunté hacia dónde íbamos, me dijo que a San Agustín, por Plaza Aragón; eso me dio más confianza, porque yo vivía muy cerca de ahí.

En el camino, Abel me dijo que iba a estar esperándome afuera, llevaba gorra y lentes negros. Cuando llegamos, se acercó al taxista y le preguntó cuánto le cobraba por llevarnos a Lindavista, el señor le dijo que lo que cobrara el taxímetro, pero Abel dudó, dijo que mejor esperaba a su chofer. Bajé del taxi y Abel me comentó que solo había hecho eso para despistar al taxista: "Luego son bien mañosos", me dijo. Yo no entendía por qué había hecho eso, no le vi sentido, pero no dije nada. Abel dijo que había olvidado las llaves de la agencia en su casa, que lo acompañara por ellas y luego regresábamos, que era a pocas calles de ahí.

Para esto, me habían pedido dos cambios de ropa para hacer mi *book*, los cuales tenía en mi mochila. Llegamos al domicilio y entramos por una puerta pequeña, a la derecha había otra puerta que daba hacia la sala y a la izquierda una que daba hacia un cuarto de lavado. Estando adentro, vi a una chica de nombre Magui, según dijeron, ella vivía ahí con Araceli y Abel. Cuando la saludé, ella me regresó el saludo con una sonrisa apagada, se veía triste, y eso se me hizo raro; de repente, salió una niña como de unos 3 años que era hija de Magui, también se veía triste la bebé.

Entramos a un cuarto donde, supuestamente, estaban las llaves, y una vez adentro, comenzó la pesadilla. Las ventanas de la habitación tenían barrotes y era un lugar muy oscuro, había muchas computadoras y el ambiente era muy pesado; Abel me empujó y no me dejó salir, me quitó el celular y mi mochila. Rompió mi celular y le quitó el chip, al chip lo envolvió en aluminio y lo guardó en un cajón; al momento de abrir ese cajón, vi muchas bolitas de aluminio que, supuse, eran de otros chips.

Empezó a gritarme, empujarme, agredirme, "¿Ya estás lista?", me decía. Yo no sabía qué estaba pasando, pregunté por Araceli y él dijo que llegaba más tarde, pero que, mientras, me quitara la ropa y empezáramos con las fotos.

Intenté salir de la habitación, pero no pude, forcejeamos y me arrancó la ropa, me dejó desnuda y empezó a tomarme fotos, después abusó de mí. Él tenía unos 33 años y yo 17.

En un momento de distracción por parte de él, logré agarrar mis cosas y salir de la habitación; me encontré en el pasillo a Magui con su hija y le pedí ayuda, pero contestó que hiciera todo lo que él me dijera, que solo así iba a estar bien. En eso, sentí un jalón de cabello, era él, me metió nuevamente al cuarto y me amarró, me puso una bola en la boca para que no gritara. Una hora después llegó Araceli, me desamarro y le conté lo que había pasado, desesperada, y ella no hizo nada para ayudarme, me dijo, al igual que Magui, que si hacía lo que él quería, iba a estar bien. Empecé a reclamarle, le dije que me habían engañado, que yo no venía a esto, que de haber sabido, ni siquiera les hubiera contestado las llamadas, ella solo soltó una risita y salió del cuarto.

Pasado un tiempo, entraron nuevamente al cuarto, con comida y agua, los dos se pusieron a comer y a platicar cosas que, en ese momento, no tenían sentido, hablaban sobre ir a ver a un tío, de hacer la tarea, de terminar el cuarto, al día de hoy ya sé que son claves, pero ese día no entendí nada.

Pasó una noche, ellos durmieron en la cama y a mí me dejaron en un rincón; desperté el sábado sin entender todavía lo que estaba pasando, me dijeron que me metiera a bañar, me prestaron cosas de aseo personal y me dieron ropa, me dijeron que me tenía que ver perfecta para conocer a una persona. Íbamos a cambiarnos de domicilio, me dieron a la hija de Magui y me explicaron que nos moveríamos en transporte público, si yo intentaba hacer algo para escapar, pedir ayuda o gritar, me iban a matar, fue cuando sacó la pistola. Todo el camino me fue agarrando de la cintura, apuntándome por las costillas mientras yo traía a la niña en brazos.

Abordamos una combi que iba hacia Indios Verdes, íbamos Abel, Araceli, la niña y yo. Yo no podía hacer nada, volteaba a ver a la gente, como pidiendo ayuda, pero, para ellos, no había nada raro. Llegamos al metro Indios Verdes y ahí Araceli se va, él me explicó que ella se iba cada fin de semana a visitar a su mamá, pero que, en general, así era nuestro trayecto diario, o sea, dándome a entender que así iba a hacer mi vida de hoy en adelante.

Tomamos el metro, él, todo el tiempo, apuntándome con la pistola, yo, mientras, tratando de distraerme hablando con la niña. Algo que me quedó muy grabado de la niña es que me preguntó: "¿Por qué mi mamá se va todo el día y toda la noche?, y cuando llega, ¿por qué no me quiere besar ni abrazar? Solo se mete a bañar y ahí se queda...", no supe ni qué decirle, las razones para mí eran evidentes.

Llegamos al metro Chilpancingo y él empezó a mensajearse con alguien, me dijo que en cualquier momento iba a llegar "mi tío", en ese momento pensé que a lo mejor había pedido rescate, después me di cuenta que así le decían a los clientes. Vi que se acercó un coche BMW, yo seguía pensando que le habían hablado a un familiar, entonces, cuando me acerqué a ver al que iba manejando y vi que no lo conocía, me "cayó el 20". A la fuerza me subió al coche, mientras el que iba en el BMW le pasó dinero.

Una vez dentro del coche, el señor, de nombre Ramón, me dijo que todo iba a estar bien, que él me iba a ayudar, que no me preocupara. Nos dirigimos hacia patriotismo y entramos a un hotel, Ramón me dijo que no me espantara, que ahí me iba a ayudar. Antes de entrar me dio unas gafas oscuras, me pidió que las usara porque me veía muy niña y si lo veían entrando conmigo, lo iban a cuestionar, le hice caso.

Entrando a la habitación, me dijo, según él ayudándome, que le llamara a mis papás y que me calmara; él entró al baño y supongo que se metió a bañar. Busqué como loca un teléfono y me di cuenta que no había tal, y por eso creo que hasta los de los hoteles están coludidos en esto, porque Ramón llegó con llave del hotel, nos encerró y todo lo tenía controlado.

Luego él salió del baño desnudo, solo tenía la toalla tapándole medio cuerpo, me dijo que era mi turno, que me desnudara. Le dije que no, que él había prometido ayudarme, yo no quería hacer nada más, y su respuesta fue: "Sí, te voy a ayudar a tener ingresos y que puedas trabajar con Abel, porque él les cobra una cuota a sus muchachas, y si tú no cumples con la cuota, a la que le va a ir mal es a ti, entonces yo te voy a ayudar con eso".

Con violencia, me despojó de mi ropa y abusó de mí. Me metió a bañar y me dio mi ropa de vuelta, después salimos del hotel y regresamos al mismo lugar donde me recogió, ahí estaba Abel esperándome. Ramón le dijo que había pasado algo que no estaba planeado y que por eso le iba a dar un extra, se refería a que me había forzado a hacerle sexo oral.

Para ese momento yo ya estaba totalmente en shock, ya no intentaba defenderme ni gritar, estaba rota. Regresamos a casa de Abel y lo mismo, la pistola, yo cargando a la niña, tomamos la combi, etcétera. Llegamos a la casa y afuera estaba Magui, al parecer no tenía llaves, agarró a su hija y se fue, al igual que Araceli, le dijo que se veían el lunes.

Nos quedamos solos Abel y yo en la casa, me dijo que me metiera a bañar y me dio una pijama. Saliendo del baño abusó nuevamente de mí, todo con violencia, me hizo practicarle sexo oral y al momento de él eyacular en mi boca, yo escupí su semen, eso le molestó mucho, me dijo que no podía hacer eso, que si yo hacía eso con alguno de los clientes y llegaba a manchar su coche —porque me dio a entender que eso lo hacíamos en los coches también—, salía más caro cambiar la vestidura del auto que lo que pagaban por mí. Me aventó, me golpeó y me mandó a bañar nuevamente; me tardé en el baño, intentaba asimilar lo que pasaba, entonces él entró y me sacó a la fuerza. Una vez vestida, me dijo que al día siguiente nos íbamos a mudar, que ya lo tenían ubicado y que era peligroso para todos seguir ahí. Íbamos a irnos hacia Pachuca, me dijo que en la carretera me iba a dar permiso para hablarle a mis papás y despedirme, eso fue un parteaguas, me di cuenta que ya no había vuelta atrás, me la pasé toda la noche llorando. Recuerdo haber sentido mucha culpa, porque, a final de cuentas, yo había decidido ir con ellos, fui hasta ese lugar por mi propio pie; me afligía mucho pensar que esa iba a ser una despedida definitiva con mis papás, me pesaba pensar en lo que ellos estaban sufriendo, no sabían si estaba viva o muerta, en fin, tenía mucha culpa e impotencia, además de sentirme sucia y sin valor como persona.

Como yo ya no pataleaba ni gritaba, estaba llorando en posición fetal en un rincón, Abel no me amarró. Al día siguiente, al despertar, él empezó a hacer las maletas, entraba y salía de la habitación, guardaba cosas, tiraba otras; tenía un hurón de mascota y en una de esas el animalito se escapó, entonces Abel se empezó a desesperar porque al otro día nos teníamos que ir, en repetidas veces mencionaba que iban a llegar las demás chicas y aún no tenía las cosas listas.

Yo lo veía moverse de un lado a otro, seguía en shock, pero después me di cuenta que ya llevaba unos 15 o 20 minutos sin entrar a la habitación y algo se encendió en mí, pensé que no iba a ser la última vez que iba a hablar con mis papás, así que decidí actuar.

Intenté abrir una puerta que daba hacia un patio trasero, golpeé las ventanas, moví cosas e hice mucho ruido, pero nadie llegó a callarme. Abrí la puerta de la recámara y vi que no había nadie, corrí hacia la puerta de entrada y me di cuenta que no tenía llave, pero estaba colgada, así que no pude abrirla, fui hacia las habitaciones contiguas, buscando una salida, llegué al cuarto de lavado y vi la lavadora prendida, haciendo el ciclo de lavado, pero sin ropa, nada más para hacer la "finta"; también había una puerta, pero tenía llave, regresé a la puerta principal y la empujé, la empujé, la empujé tan fuerte que por fin pude abrirla, al lograrlo vi que la puerta que daba a la calle no tenía llave. No lo pensé, salí corriendo y no me detuve hasta llegar a un edificio por Ciudad Azteca, ahí tomé un taxi y le dije desesperada: "Por favor, lléveme a mi casa", ni siquiera pude darle una dirección, estaba tan *shockeada* por todo lo que había vivido que no pude decir otra cosa. El señor avanzó unos metros y se detuvo, me dijo que me calmara y que le explicara lo que había pasado, cuando le dije que me habían secuestrado, hizo que me bajara del taxi, "No quiero problemas", me dijo.

Donde me bajé, había una tienda con un teléfono público afuera, en eso vi salir un señor de la tienda y, prácticamente, me le abalancé y le rogué que me diera dinero para hablar a mi casa. Cuando marqué, contestó un vecino que se había quedado ahí, al pendiente del teléfono, en lo que mis papás levantaban denuncia en el Ministerio Público; el vecino me preguntó dónde estaba, pero yo no sabía nada, afortunadamente, el señor que me dio las monedas, se quedó al lado de mí y él le explicó dónde estábamos. Yo conocía ese lugar, pero en el momento estaba en shock.

Mi vecino, Jorge se llama, me dijo que no me moviera de ahí, que se iba a comunicar con mis papás y que iban a ir por mí lo más pronto posible, también le dijo al señor que estaba ahí que le hablara a una patrulla o que, si veía una, la parara. Así lo hizo, fue a buscar una y, mientras, le dijo al chico que atendía la tienda que me cuidara, que no me dejara ir con nadie; no sé cómo me vio, pero me ofreció ayuda, me dijo que agarrara lo que quisiera de la tienda y me dio su celular para que hiciera las llamadas que quisiera. Marqué al número de mi mamá y me contestó mi papá, dijo que iban en camino; 5 minutos después llegaron mis papás, familia, patrullas, amigos. Al señor que me ayudó ya no lo volví a ver nunca.

Hoy solo agradezco a las noches en que sentía que todo se derrumbaba, en las que parecía que nunca más volvería a ser la misma, porque en efecto me hicieron diferente, más fuerte y resiliente, pude aprender a vivir con eso, será algo que viva por siempre en mi subconsciente, pero no con el objetivo de lastimarme sino para recordarme que la justicia sí existe y con ello la oportunidad de estar ahora contando mi testimonio.

# 2. LA PEDOFILIA Y LA SALUD MENTAL

Sin duda, el abuso sexual infantil es un tema doloroso. Es más, no me puedo imaginar uno más doloroso. Tan es así, que socialmente preferimos silenciarlo sin querer ver que su silencio lo ha vuelto el delito menos denunciado en México (UNICEF) con un nivel de impunidad de 99.9%. Somos el segundo país con más turismo sexual infantil y estamos dentro de los tres países con más casos de violencia sexual en la infancia del mundo.

Hemos atendido el abuso sexual demasiado tarde. Nos hemos concentrado en atender a las víctimas y sobrevivientes de este delito desde un marco jurídico, pero hemos fracasado en prevenir, reaccionar y trabajar desde la salud mental.

Ser una sobreviviente de violencia sexual es brutal. Las consecuencias que la violencia deja son de por vida. Impacta en cómo nos relacionamos con otras personas y en la intimidad con nuestras parejas. Sobrevivir a un pederasta deja secuelas que nunca se superan del todo. Créanme cuando se los digo porque lo hablo por experiencia propia.

Antes de empezar con el testimonio siguiente, considero importante aclarar algunos conceptos. La pedofilia, como lo marca la propia palabra, es una *filia*. Por ende, podemos entender la pedofilia dentro de un trastorno mental y, definitivamente, no una orientación sexual. La pederastia es el acto de la pedofilia: llevar el pensamiento a la acción. Dentro del entendimiento de la pedofilia tenemos que cuestionar para erradicar: ¿Quién es el agresor?, ¿por qué tiene este impulso sexual? Y, ¿qué ha pasado en su vida que puede ser consecuencia directa de esta condición? La *filia* es un impulso que puede ser prevenido, por lo cual la pederastia, o sea, la acción de violentar a un menor de edad es un acto consciente y quien la practica debe ser juzgado sin pretender que la acción es justificable con la salud mental. Es un grave error creer que los pederastas son personas que no sienten culpa o no saben lo que están haciendo. Si bien, suele existir un coeficiente intelectual más bajo en ellos y un daño en su desarrollo neuronal, la consciencia de la acción está latente. Muchas veces viven la violencia sexual de primera mano por lo que replicarla conlleva una culpa brutal; a veces existe la capacidad empática de, si sufrieron abusos, ponerse en los zapatos de sus propias víctimas. Por ello, debemos trabajar en acciones dirigidas hacia ellos también y no solo con las víctimas. Y aunque no existe una cura puntual, se ha demostrado que acciones psicoterapéuticas cognitivas conductales pueden ser un elemento importante que ayuda a que los pedófilos no se dejen llevar por sus impulsos. Los pocos estudios que existen a nivel internacional demuestran que, la gran mayoria de los agresores sexuales de menores, buscan impedir de manera consciente sus impulsos. Cuando agreden, existe la promesa de no volverlo a hacer, y la repeticion del acto genera la culpa necesaria para asumirse como agresores y sobrellevar, y justificar el acto.

> "Me hubiera encantado tener quien me ayudara cuando me di cuenta que mi cuerpo reaccionaba de esta manera ante menores de edad".

Entrevistar pedófilos a lo largo de mi carrera, como sobreviviente de un pederasta, ha sido todo un reto. Son perfiles criminales diferentes que juegan un rol perverso que oscila entre la justificación y la culpa. No podemos clasificar a los pederastas bajo un mismo esquema, entendamos tres tipos de personas con este trastorno mental:

1. Una persona que siente una atracción hacia un menor de edad pero no actúa físicamente con un tercero.
2. Aquellos que accionan en momentos de su vida donde prevalece la angustia y la depresión (con episodios de culpa repetitiva muy puntuales tras la acción).
3. Aquellos que ya tienen una personalidad antisocial más definida por factores y traumas psicosociales y suelen accionar con terceros constantemente así como crear redes con otros agresores.

Muchas veces, conversar con ellos respecto al delito genera impotencia, ya que pasan de ser víctimas a victimarios. Está comprobado que entre 50 y 70% de los agresores fueron víctimas en algún punto de su infancia. El trauma que genera la violencia y la violencia sexual en la infancia tiene un impacto directo en el neurodesarrollo creando este tipo de conductas. La mayoría de los pederastas en prision navegan en un espacio mediocre de mucha comodidad entre la culpa, la justificación y el placer. El conocido pederasta empresario de México, Jean Succar Kuri me decía: "Ella estaba enamorada de mí, lo que ella y yo tuvimos fue muy bonito", refiriéndose a una de sus víctimas de 12 años. Él, con su fortuna, creó redes de pederastia justificando con amor, las carencias de sus víctimas y creando redes de agresores que Lydia Cacho ha denominado "un sector político empresarial intocable de México".

## LA PERSONALIDAD DEL PEDERASTA Y EL PEDÓFILO

Durante casi dos décadas que llevo trabajando en el sistema penitenciario, convivir con y entrevistar a hombres y mujeres que están acusados de un delito sexual siempre me ha generado muchos cuestionamientos. El Artículo 18 de la Constitución Mexicana determina que una persona sentenciada por cometer un delito debe cumplir con 5 ejes: deporte, educación, salud, cultura y trabajo. Esto dista mucho de lo que los agresores sexuales necesitan para vivir dentro de la sociedad. Entre más entiendo la mente de un pederasta, más me queda claro: tenerlos en cárceles de reinserción que tienen este esquema es tirar el dinero a la basura. Ni siquiera estamos protegiendo a los menores de nuestro país al segregarlos, ya que tenemos a más de medio millón de menores que entran y conviven todos los días en reclusorios como si fueran parques de diversión. Desde la fundación REINSERTA hemos tenido que atender casos de menores violados y abusados sexualmente al interior de estos centros.

Irónico, ¿no?

Hay poca investigación respecto al pedófilo y al pederasta a nivel internacional. Uno de los grandes errores que hemos cometido como sociedad a nivel mundial es la omisión absoluta de la atención psicológica y psiquiátrica de los agresores. Y ya me imaginé a varios de ustedes, lectores, mentándome la madre por siquiera sugerir esto. Aguanten, les explico por qué.

Hemos atendido la violencia sexual siempre desde el lado de la víctima. Se hace poca prevención respecto a la educación sexual que le damos a nuestras hijas e hijos y se vuelve complicado pretender que nuestros menores pueden prevenir que un agresor no los ataque. En México, mientras escribo estas líneas, 74% de los agresores de menores son la familia directa y en la mayoría de los casos el o la agresora, viven dentro de la misma casa que la víctima. Estamos ante una situación compleja de prevención, donde trabajar con la salud mental de los agresores se ha vuelto una necesidad. La organización REINSERTA es la única en México que tiene un programa de atencion a víctimas y sobrevivientes de violencia sexual así como para agresores; especialmente aquellos menores de edad.

Mencioné que he clasificado tres tipos de agresores sexuales infantiles. Vamos a profundizar un poco más en quiénes son.

A grandes rasgos es importante determinar que los y las agresoras de menores son personas que no suelen tener un coeficiente intelectual muy alto, no necesariamente fueron víctimas cuando eran menores, pero en la gran mayoría de los casos, sí. Aprenden a relacionarse en la sexualidad desde un lugar de sumisión, envolviendo a niñas y niños que les cuesta más trabajo generar vínculos afectivos y por ende teniendo secuelas neuronales que afectan en su desarrollo y en su salud mental.

**Tipo A**

Es el pedófilo que reconoce que tiene una atracción involuntaria hacia menores de edad. Hay una consciencia plena de que esto no está bien y no llegan a actuar físicamente hacia un tercero. Son personas que logran contener sus impulsos y tiene mucho que ver con la educación que tuvieron y la atención al propio trauma que probablemente vivieron cuando eran menores de edad. Estos sujetos suelen consumir pornografía infantil, por lo cual no se les puede determinar como inocentes, pero también manejan un grado de culpa alto.

**Tipo B**

Es el agresor que tiene consciencia plena de sus impulsos y suele no accionar contra menores de manera cotidiana. Son personas que accionan y agreden a su/sus víctimas durante episodios depresivos y de angustia. Esto se vuelve un círculo vicioso, ya que agredir a un menor les genera más angustia y depresión.

**Tipo C**

Por último, tenemos al agresor que tiene características puntuales antisociales y bajos niveles de manejo de culpa. Ojo, esto no necesariamente quiere decir que no tienen capacidad empática. Este tipo de agresor es consciente de sus impulsos y los lleva a cabo, aquí entra el caso de los pederastas, pues accionan contra menores y, aunque desarrollan cierto grado de culpa, reinciden de manera constante.

Para entender mejor la personalidad del pederasta, con el objetivo de atender la problemática desde un lugar preventivo, es impresindible leer la opinión de la doctora Diana Cover que presento en el siguiente apartado.

## ENTRE LA TENTACIÓN Y EL RESCATE: PEDOFILIA Y SUS VÍCTIMAS EN LA LUCHA POR LA LIBERACIÓN DEL MAL

*DRA. DIANA COVER VAN PUTTEN*

Todo caso de abuso de menores es un abuso de confianza. En casi todos los sucesos, no se trata sólo de la relación entre víctima y victimario, pues también está involucrada la familia cuya confianza fue traicionada por el adulto que comete el delito.

Lo más doloroso en este tema es que la pedofilia se comete en la mayoría de las ocasiones, por personas cercanas a las víctimas. Los atacantes suelen ser familiares, amigos de confianza o figuras de autoridad. Esta realidad añade una capa adicional de traición y confusión para las víctimas, ya que además de su innegable dolor, se enfrentan con quien confiaban profundamente y ahora los ha lastimado de manera irreparable.

Los casos de abuso sexual en México constituyen un problema de capital relevancia y son más comunes de lo que imaginamos, como Saskia lo menciona a lo largo de este libro.

Desde mi labor como psicoterapeuta clínica, he tenido la oportunidad de acompañar y de escuchar a adultos que fueron víctimas de este tipo de abuso en su infancia. Mi trabajo en el consultorio me ha permitido comprender el impacto profundo que este trauma deja en la psique de las víctimas, y también me ha facultado para explorar la compleja dinámica que se da entre la víctima y el victimario.

Las páginas de este libro nos adentran en un tema oscuro y doloroso. Presentan casos que ejemplifican lo que ocurre a diario en México, y por otro lado nos permiten reflexionar sobre el perfil del pedófilo, y las consecuencias psicológicas que sus acciones generan en sus víctimas. Es oscuro porque nadie quiere hablar de ello. Y es doloroso porque involucra la inocencia perdida de menores de edad que han sido forzados a una relación sexual desigual, plagada de mentiras y abuso de poder, además de violencia física y emocional.

Debido principalmente a razones culturales y religiosas, en México la pedofilia roza el tabú. El silencio corona la tragedia, y por ello las secuelas que produce no son individuales solo para la víctima, sino que también impactan a la sociedad y su desarrollo.

¿Por qué es importante conocer el perfil del sujeto pedófilo? Porque del conocimiento que logremos de sus distintivos, podemos, en conjunto, formular modos de prevención.

Desde un punto de vista psicoterapéutico, el viaje de la sanación comienza reconociendo los obstáculos a los que se enfrenta la víctima. El primero de ellos es personal, y es la vergüenza con la que el menor intenta negar para sí mismo, lo que ha ocurrido. El ocultamiento de los hechos puede llevar a la víctima hasta a bloquear los recuerdos con los años, aun cuando las heridas psicológicas sean evidentes.

La ideología de la vergüenza y del ocultamiento se cobija en la religión. El oscurantismo con el que se trata el tema dificulta que las víctimas busquen ayuda y puedan hacer una denuncia, pues todo se queda en un secreto de confesión. Es un reto para los terapeutas actuales desafiar esta añeja mentalidad y abrir espacios que promuevan el diálogo y el apoyo, para romper ese círculo vicioso de silencio, estigmatización, vergüenza e impunidad.

Los profesionales de la salud mental que se acerquen a esta obra con el objetivo de comprender el contexto del abuso infantil encontrarán un común denominador: hay muchas dificultades en el camino de la sanación. Influye la carga emocional, la contratransferencia, la resistencia y la negación por parte de la víctima. Cada caso presenta muchas complejidades y necesita de colaboración interdisciplinaria para lograr un entorno seguro para la recuperación de quienes están sufriendo. Por si fuera poco, casi siempre está presente el riesgo de revictimización por parte de quienes no saben cómo atender el caso, ya sea la familia, algún profesional poco informado, o la sociedad que lo rodea.

Más que ir a las causas, nos interesa conocer las consecuencias de este tipo de abuso. Sobre todo porque lo que queremos es ayudar a la víctima. No importa si ha pasado una semana, uno o veinte años. Las consecuencias están ahí y es necesario brindar tanto apoyo, como justicia a quien lo necesita.

Para comprender el ambiente psicológico que se crea en torno a un abuso sexual infantil, exploraremos en este capítulo la forma en que se desarrolla esta dinámica, y propondremos vías para prevenir y detectar situaciones similares.

Preparémonos: éste no es un viaje hacia la acusación. Es un viaje por la empatía y por la compasión, necesario para lograr el perdón. Esto último es justo y necesario tanto para el victimario y la víctima.

Es un viaje en el que su guía —una servidora—, es psicoterapeuta clínica psicoanalítica, con décadas de experiencia, que se ha adentrado en la psique del agresor y en la de su víctima, en innumerables casos. Por cuanto he trabajado en el tema, sé que las consecuencias para la víctima son devastadoras, y que el acompañamiento profesional en el proceso de recuperación es indispensable.

Es importante destacar la importancia de cambiar nuestra perspectiva y enfoque hacia las personas con atracciones pedófilas. En lugar de condenar y aislar, se aboga por proporcionarles un entorno seguro y confidencial en el que puedan buscar ayuda y recibir tratamiento adecuado. Solo así podremos ayudar efectivamente a prevenir el abuso sexual infantil y brindar apoyo a aquellos que luchan con estas atracciones, fomentando un enfoque basado en la evidencia y la compasión.

Quiero dejar en claro antes de comenzar, que no hay justificación que valga ni excusa posible para la pedofilia. Estamos hablando de un trastorno sexual grave y su práctica es absolutamente inaceptable, ya sea en lo moral, en lo social o en lo legal. Precisamente por ser inadecuado es que resulta importante que comprendamos cómo se desarrolla esta atracción que está fuera de lugar, para prevenirla y proteger al menor. Como no podemos cuidar personalmente a cada agresor que anda suelto, lo único que nos queda es educar a nuestros niños, para que sepan detectar cuándo una relación de este tipo se está gestando, por qué es dañina y qué pueden hacer para detenerla y exponerla.

También quiero señalar que en la pedofilia no hay culpables más allá del agresor, pues muchos familiares se sienten responsables por haber fallado en el cuidado de la víctima.

### Diferencia entre el sujeto pedófilo y el pederasta

Por definición, una persona pedófila se siente atraída por un menor de edad. En tanto que pederasta es quien comete un delito sexual en contra de su víctima.

El agresor puede ser un hombre o una mujer, y el sexo del menor de edad también es indistinto. A veces, incluso, importa tan solo la oportunidad de encontrarse solo el adulto con un menor de edad en un espacio cerrado, para cometer la atrocidad.

La víctima es aquel ser inocente que ha sido dañado por los actos de transgresión sexual de los pederastas. Los efectos a largo plazo en la víctima son devastadores.

La mayoría de pedófilos y pederastas experimentan una profunda disonancia entre sus sentimientos y sus valores morales. Muchos sufren una intensa vergüenza, confusión y culpa por sus deseos, lo que genera una lucha interna constante. Esta tensión puede llevar a depresión, ansiedad y aislamiento social, ya que temen ser descubiertos y juzgados. Sobre todo, pueden enfrentar dificultades para establecer relaciones sociales significativas, contribuyendo a su sensación de soledad y teniendo dificultad para encontrar apoyo, con impacto en su bienestar mental.

Es importante señalar que la pedofilia en sí misma no es un delito, es una condición sexual.

Hay líneas muy delgadas entre los grados de acecho, agravio y deseo entre los agresores. Hay incluso marcos culturales que les han permitido durante muchos años ser impunes. Por ejemplo, la pederastia o estupro en Grecia antigua era una práctica cultural aceptable. Todo hombre de política tenía un efebo (muchacho en griego), como amante y eso le daba cierto estatus.

Me detengo en este momento para hacer un paréntesis y mencionar que no es lo mismo estupro que abuso sexual infantil. El estupro es una relación consensuada entre un adulto y un menor de edad, con el consentimiento de ambos. En el abuso sexual infantil, en cambio, no hay consentimiento por parte de la víctima. Sin embargo, ambos casos —estupro y abuso sexual infantil— constituyen un delito sexual.

Regresando al caso de Grecia, es pertinente señalar que el marco social de ese momento ya no existe. Los Derechos del Niño fueron establecidos en 1989, en la Convención de la ONU. Ahí claramente se establece que todo niño, sin importar su nacionalidad, raza o religión, debe ser protegido frente a todo tipo de daños. Me indigna, como a muchos más, que sólo tres países miembros no hayan firmado este tratado (el más ratificado en todo el mundo): Somalia, Sudán del Sur… y Estados Unidos. Éste último aduce que los derechos y seguridad de los niños pertenecen a sus familias y ahí veo una gran limitación, pues la mayor parte de los agresores viven o trabajan en la misma casa de su víctima.

Gracias al avance sobre el respeto a los derechos humanos, hoy tenemos claro que todo niño tiene garantías fundamentales y derechos humanos esenciales. Entre ellos está el de limitar su actividad sexual consensuada, hasta que cuente con la mayoría de edad y tenga criterio suficiente para tomar sus propias decisiones. De otra manera se está atentando contra su libertad personal y su seguridad.

Resumiendo: es importante distinguir entre un pedófilo y un pederasta, ya que se refieren a conceptos diferentes.

Un pedófilo es una persona que siente una atracción sexual hacia niños prepubescentes. Es importante destacar que la pedofilia es considerada una orientación sexual anormal y está ampliamente condenada tanto legal como moralmente. Ser pedófilo no implica cometer actos sexuales con menores, pero es importante recordar que la atracción sexual hacia los niños es inapropiada y debe ser tratada como tal.

El pederasta, por otro lado, es alguien que comete actos sexuales con niños. La pederastia implica la explotación sexual de menores y es un delito grave. Estos actos están prohibidos por la ley y son ampliamente condenados por la sociedad. La pederastia implica el abuso y el daño a los niños, y es importante tomar medidas para proteger a los menores de este tipo de abusos.

Reafirmando: la diferencia clave entre un pedófilo y un pederasta radica en que el primero tiene una atracción sexual hacia niños, mientras que el segundo se refiere a quien comete actos sexuales con niños.

Ambas son conductas inaceptables y dañinas. Es importante combatirlas y proteger a los niños de cualquier forma de violencia sexual.

La personalidad del pedófilo es un laberinto complicado. Se caracteriza por una atracción sexual o erótica hacia menores de edad. Pero no todos los pedófilos son agresores sexuales: algunos logran controlar sus impulsos y no cometen actos ilícitos, mientras que otros lamentablemente sí lo hacen, dejando cicatrices profundas en sus víctimas.

El sujeto pederasta nace en el sujeto pedófilo. Éste último tiene inclinaciones eróticas hacia el menor de edad, pero por su contexto social y moral, por la falta de oportunidad, por su educación y valores, y otros factores, no ha llegado a cometer delito alguno. El pederasta, en cambio, comparte con el anterior sus preferencias sexuales con los menores de edad como objeto de deseo, pero busca y provoca un encuentro con menores, para cometer el delito de abuso sexual.

En la parte neurológica, es importante destacar que la pedofilia no se refiere a una característica de personalidad específica, sino a una orientación sexual hacia los niños. El doctor James Cantor, experto sexólogo estadunidense, ha investigado sobre este tema y ha encontrado que no hay un perfil de personalidad distintivo que se aplique a todos los pedófilos. Sin embargo, algunos de ellos pueden presentar ciertas características comunes. Él enfatiza el hecho de que la diferencia entre un pedófilo y un delincuente sexual está en los límites de la atracción y la acción.

La atracción a la que se refiere tiene que ver con menores que están entrando a la pubertad o que son pubertos tempranos. Y puede ser exclusiva o no, es decir, también se puede sentir atraído por adultos. Vista así, la pedofilia es una condición o una orientación sexual.

Cuando nos adentramos en sus psicologías, encontramos una serie de factores que interactúan y contribuyen a la manifestación de esta atracción inapropiada. Uno de los elementos centrales es el desarrollo psicosexual temprano, que pudo ser interrumpido o distorsionado en algún punto crucial.

La mayoría de ellos no tienen problemas para controlarse. Vienen a mí con depresión y ansiedad, con dificultades para lidiar con la soledad y el aislamiento asociados a su condición. Obviamente no pueden hablar de esto con sus amigos ni con sus padres.

Me he encontrado con personas que experimentan atracciones pedófilas y que buscan ayuda para lidiar con los desafíos emocionales y psicológicos que esto conlleva. A menudo no buscan tanto justificar sus atracciones, como encontrar apoyo para vivir una vida saludable y libre de daño.

Consideremos que un delincuente sexual es una persona que ha cometido un delito carnal (o virtual) que involucra a un niño o a un menor de edad. En este sentido se incluyen actividades como el abuso sexual de un menor, la producción o distribución de material pornográfico infantil, o el acoso sexual, entre otros.

La sociedad tiende a relacionar la pedofilia con los delitos sexuales contra un menor, lo cual puede generar estigmatización. Tener una atracción pedófila no implica necesariamente cometer un delito o causar daño a los niños. La distinción entre la atracción y la acción es esencial para comprender y abordar adecuadamente esta compleja problemática.

Todo comienza en el desarrollo de nuestra sexualidad. Habrá quienes hayan tenido tropiezos en la misma, y quienes no. Durante la infancia y la adolescencia, todos atravesamos diferentes etapas en nuestro devenir psicosexual. Si hay factores traumáticos o conflictos emocionales sin resolver durante estas etapas, puede haber un estancamiento o una desviación en la vida sexual. Esto podría llevar a una fijación en la fase pregenital, donde se establecen las bases para la atracción hacia los niños.

Es importante reconocer que muchas de estas personas están conscientes de lo inapropiado que es su interés en los menores de edad y del daño potencial de sus deseos. Algunos de ellos están buscando estrategias para controlar y manejar esos sentimientos, ya que la terapia brinda un espacio seguro y confidencial donde pueden explorar sus emociones, recibir apoyo emocional y aprender habilidades de afrontamiento para manejar la soledad y el aislamiento que a menudo experimentan.

La soledad y el aislamiento pueden ser abrumadores para estas personas. No se sienten capaces de compartir sus luchas con sus pares o sus seres queridos, debido al estigma y al temor al rechazo. Por lo tanto, buscan en los terapeutas un espacio seguro y libre de juicio donde puedan hablar abiertamente sobre sus emociones, encontrar comprensión y obtener el apoyo necesario para lograr una vida plena y significativa. Ahí entra la responsabilidad del profesional de la salud mental, porque en sus manos está la gran tarea de no permitir que un sujeto pedófilo se convierta en un sujeto pederasta. El valor está en la prevención.

Desafortunadamente, en la clínica no es común que nos encontremos con personas que experimentan atracciones pedófilas o que buscan ayuda para manejar sus emociones, y la inseguridad asociada. Está tan criminalizado que las personas que tienden a sentir estas atracciones no tienen en quién confiar para buscar tratamiento sin miedo a las consecuencias extremas. No por ello, como profesionales de la salud, nuestro objetivo siempre debe ser proporcionar un entorno seguro y confidencial donde puedan encontrar apoyo emocional, desarrollar habilidades de afrontamiento y construir una vida saludable y significativa mientras mantienen el control de sus impulsos.

Resulta natural que una persona identificada por sí misma o por otros como pedófila, reciba el rechazo de la sociedad, ya que ésta acostumbra negar todo lo que es diferente. Es necesario que nos esforcemos por desafiar estas normas y se fomente un ambiente de apertura y comprensión. Es fundamental también, romper con los estigmas y proporcionar un espacio seguro donde tanto víctimas como agresores puedan encontrar ayuda y sanación.

Lo que realmente queremos hacer para prevenir que los pedófilos se conviertan en abusadores de menores es facilitar al máximo que estas personas acudan a terapeutas, reciban terapia y medicamentos para reducir sus impulsos sexuales, todo esto con una confidencialidad absoluta. Si realmente queremos ayudar, debemos facilitar que estas personas obtengan ayuda, pues lo que estamos haciendo actualmente es prácticamente imposibilitar la multiplicación del delito.

Al hacer que el proceso de búsqueda de ayuda sea más accesible y confidencial, se espera fomentar que las personas con atracciones pedófilas reconozcan su situación y busquen el tratamiento adecuado.

En conclusión, la personalidad del pedófilo es compleja y está impulsada por una serie de factores psicosexuales y traumas no resueltos. En el mundo aún existe un mayor enfasis en el tratamiento de las víctimas. Pero en ambos casos tenemos que ayudarles a sanar y reconstruir sus vidas. No obstante como sociedad debemos tomar medidas para prevenir y proteger a nuestros niños de estos actos horribles.

Las consecuencias psicológicas que sufre la víctima son devastadoras y tienen un impacto profundo en la vida diaria. Desde mi trabajo como analista veo continuamente que los traumas se expresan y se expanden de forma significativa. No hay manera de ocultarlos o de ignorarlos a pesar de que no se hable del abuso o de que genuinamente se haya bloqueado en la forma consciente. Eso pasa sobre todo cuando no se ha hecho un trabajo personal para sanar.

En la psique de la víctima, se experimenta una mezcla abrumadora de emociones encontradas. Hay miedo, culpa, vergüenza y confusión, como si estuviera atrapada en un torbellino emocional. Si el torbellino fuera real, nos sorprendería la variedad de sentimientos opuestos que están presentes ahí.

Estos sentimientos hacen que la víctima se aísle de su familia y de sus amistades. Comienza a bajar en su rendimiento académico y sufre pesadillas recurrentes. También es natural que adopte comportamientos y dependencias autodestructivas como una forma de lidiar con el dolor interno. Su mundo emocional se ve sacudido y desequilibrado. Si eres terapeuta, te puedes preguntar: ¿Cómo una persona en estas circunstancias puede sanar sin ayuda de un profesional capacitado en el tema?

Conforme pasa el tiempo, las secuelas psicológicas se intensifican. No es algo que se pueda olvidar o que se oculte y ya no pasa nada. La víctima suele desarrollar trastornos de ansiedad, depresión y estrés postraumático. Su autoestima se ve seriamente afectada y puede tener dificultad para confiar en los demás o para establecer relaciones sociales saludables.

Es posible que el abuso sexual infantil provoque confusiones en su identidad sexual y genere conflictos en su vida íntima. Las experiencias traumáticas que ha sufrido moldean su visión del mundo y su forma de relacionarse con los demás.

Sin embargo, las consecuencias no terminan ahí. A largo plazo, el abuso deja cicatrices profundas en la psique de las víctimas. Pueden enfrentar trastornos crónicos del estado de ánimo, como depresión recurrente o trastorno bipolar. Además, es común que desarrollen trastornos de la alimentación, adicciones y problemas de comportamiento como mecanismos de defensa, aun cuando sean poco saludables. Las dificultades en las relaciones íntimas y sexuales persisten, ya que el abuso ha distorsionado su percepción del amor y la intimidad. Es desgarrador ver cómo estas heridas profundas continúan afectando a la víctima durante años, incluso décadas.

Se precisa reconocer que estas secuelas no solo afectan a nivel personal a un individuo o que solo dañan a una familia. También tienen un impacto en la sociedad, pues cuando se cierran los ojos frente al abuso sexual infantil, se permite la perpetuidad del delito, gracias al silencio y a la indiferencia. Buscar justicia para la víctima es prevenir el daño a otras. Es evitar que las cicatrices invisibles en las almas de quienes sufrieron el daño se multipliquen en futuras generaciones.

La atención que doy en consultorio es para brindar un acompañamiento compasivo y ayudar a las víctimas a explorar y comprender las profundas raíces de su sufrimiento. A través del análisis, podemos trabajar juntos para desentrañar las capas de trauma y encontrar caminos hacia la curación. Es un proceso delicado y profundo, pero estoy comprometida a apoyar a mis pacientes en su viaje hacia la recuperación y la reconstrucción de sus vidas.

Vamos terminando el viaje hacia adentro, en el que pudimos profundizar en la psique de la víctima y del pedófilo. Pero justo aquí es cuando iniciamos otro viaje igual de interesante: el que va hacia afuera, en el que procuramos que la víctima denuncie, que el pedófilo busque ayuda en terapia, que haya educación sexual para prevenir abusos, que acaben los silencios que imponen las religiones, y que finalmente, hablando del tema, logremos como sociedad que terminen prácticas injustas y dolorosas para los más desprotegidos, en este caso, una niñez que es obligada a guardar silencio, por la vergüenza de la familia, y por el qué dirán.

Desafiar esta ideología del ocultamiento es tarea para las generaciones del presente. Buscar ayuda y justicia nos permite romper el ciclo de silencio y estigmatización que hemos estado viviendo.

Para los profesionales de la salud mental que lean este libro es importante señalar que el trabajo con víctimas de abuso sexual infantil presenta dificultades como la carga emocional, la contratransferencia, la resistencia y negación de las víctimas, la complejidad de los casos, el riesgo de revictimización y la necesidad de colaboración interdisciplinaria para ofrecer un tratamiento efectivo y brindar un entorno seguro para la lograr la recuperación.

No podemos olvidar que el pederasta también sufre pues tiene dificultades para expresar sus emociones de manera saludable. Esto puede deberse a la preocupación de ser malentendidos o rechazados si revelan sus atracciones, lo que lleva a una mayor angustia emocional. Además, la baja autoestima y la autocrítica son comunes entre las personas con atracciones pedófilas, ya que pueden tener una visión negativa de sí mismas debido a sus sentimientos y deseos inapropiados.

Es importante tener en cuenta que estas características no se aplican a todos los pedófilos, y cada individuo es único en su experiencia. Es fundamental diferenciar entre las atracciones pedófilas y los actos de abuso sexual infantil. Muchas personas con estas atracciones buscan ayuda profesional y luchan por no actuar sobre sus impulsos inapropiados. Hay que estar y saber cómo ayudar. El objetivo es proporcionarles apoyo terapéutico para ayudarles a controlar sus emociones y comportamientos, y prevenir cualquier daño a los niños.

Me gustaría cerrar este capítulo con unas cifras y dos preguntas. En México, cinco millones y medio de niños son agredidos sexualmente cada año. Seis de cada diez casos ocurren en la casa de la víctima. En seis de cada diez casos también, el agresor fue un familiar o un conocido cercano. La pederastia es la primera causa de abuso sexual y de embarazo adolescente. El país en el que más se difunden links disfrazados para ir a sitios pornográficos de abuso sexual infantil es México. Alzar la voz y ayudar a las víctimas a denunciar es un paso. Recurrir a la compasión y empatía para perdonar es otro. También informar y crear conciencia en torno al tema. Y por supuesto, acudir a terapia para sanar.

Mi primera pregunta es: ¿Qué vamos a hacer para evitar que el delito de pederastia crezca año con año, con la impunidad y la indiferencia a su favor? Mientras los legisladores se toman tiempo para pensarlo, el trabajo pendiente que tenemos los terapeutas, las ONG´s y las familias para resguardar la seguridad de nuestros niños es enorme.

En 1980, el arzobispo de St. Louis en Missouri, que se llamaba John L. May, afirmó que no sabía que el abuso sexual a menores era un delito. Mi segunda pregunta es: ¿Cuántos pedófilos y pederastas estarán pensando hoy, lo mismo que él?

## ALEX: EN CUANTO TUVE LA OPORTUNIDAD DE ESTAR A SOLAS CON EL NIÑO, LE PUSE EL PENE EN LA BOCA

Me llamo Alex, tengo 28 años y estoy recluido bajo el delito de violación agravada a un niño de 3 años, gracias a Dios fue el primer y único delito que tengo.

No sé exactamente cuándo tuve mi despertar sexual, si me pusiera a rememorar pensaría que tuve una infancia normal, como cualquier niño, sin embargo, a los 12 o 13 años, cuando se empiezan a desarrollar los caracteres sexuales secundarios, me di cuenta que había algo que me llamaba la atención, la pornografía infantil: me sentía atraído hacia los menores de edad. Aquí hay que prestar atención, porque la gente no se imagina lo fácil que es obtener material de este tipo, una búsqueda en internet te lleva de un sitio a otro de una forma sencillísima.

Fue muy doloroso, es una situación que te pone en contra de ti mismo, estás entrando en la adolescencia y buscas identidad, y darte cuenta que lo que te atrae es algo malo, te duele, piensas que algo está mal contigo, entras en la negación. Necesitaba una válvula de escape y encontré la pornografía infantil, necesitaba masturbarme, pero eso, eventualmente, dejó de ser suficiente.

Es muy difícil, trabajé con mis impulsos, pero no podía pararlos, a pesar de eso lo intenté, me negaba a lo que era y trataba de no sentirlo. Siento que algo que me define es eso, que siempre traté de suprimir mis impulsos, mi naturaleza, y creo que es algo valioso en mí. ¿Por qué lo digo? Porque muchos tienen la idea, el prejuicio, de que los pedófilos son unos monstruos que se esconden detrás de gafas oscuras y están en los parques fotografiando niños, y los hay, pero no todos somos así. Yo esto lo entendí muchos años después, ya cuando estaba recluido, lo platiqué en terapia.

Regresando, cuando descubrí que tenía estos impulsos me dio mucha vergüenza, entré en la negación, pensaba que esta persona no era yo, que era alguien más dentro de mí. Hay estudios que dicen que muchas personas que padecen este problema es porque de niños fueron violentados sexualmente, les queda una especie de trauma y eso les desencadena el deseo por los menores, pero no recuerdo haber padecido una situación así en mi niñez, tal vez sí, no sé, no me cierro a la posibilidad, pero que yo lo tenga interiorizado y que admita el trauma, la verdad no.

Por años suprimí mis gustos, pasé una adolescencia relativamente normal y después entré a la universidad, estaba estudiando Medicina. Mi idea era especializarme en Psiquiatría, quería entenderme, buscar en la química cerebral, en los fundamentos fisiológicos de la conducta la razón, pero no alcancé a terminar la escuela, me quedé en Medicina general.

Llevaba 2 años en la facultad, años en los que la pornografía y masturbarme ya no me satisfacían, necesitaba desahogarme, y en cuanto tuve la oportunidad de estar cerca y a solas de un niño de 3 años, le puse mi pene en su boca, eso está tipificado como Delito de violación agravado; afortunadamente, el niño le contó a sus papás y ellos me denunciaron, se llevó a cabo el proceso judicial y por eso estoy en reclusión.

La orden de aprehensión llegó 2 semanas después del acto, rápido. Lo primero que sentí fue miedo, me aterraba lo que me iba a pasar a mí o a mi familia, de ahí se desencadenó todo el trabajo de autoconocimiento y terapéutico que hice, investigué mucho sobre este tipo de conductas y aprendí sobre lo que me pasaba, trabajé hasta llegar a la certeza de que no iba a repetir esta conducta. Este punto es muy importante, porque hay muchas personas, pedófilos, que nunca buscan ayuda, que no se informan y terminan cayendo en actos peores.

Insisto, lo más importante es buscar ayuda psicológica, la gente piensa que nacer en una familia "bien", una familia con valores y en un ambiente social normal, te excluye de ser un pedófilo, y no, va mucho más allá. La criminalidad no es una característica de la clase baja ni de ignorancia, una persona puede tener muchos estudios, salir con mención honorífica y aún así ser un pedófilo. Todo está relacionado; nuestra conducta, la forma en la que nos desenvolvemos en la sociedad no es únicamente sexual o emocional, también tiene que ver la posición económica, las personas que tenemos a nuestro alrededor y muchísimas cosas más.

Hay un problema social muy fuerte porque las personas que sienten atracción a los menores están satanizadas, incluso hay muchos profesionales de la salud mental que se niegan a ver y tratar a personas con estos problemas y que piden ayuda. Y no es algo que yo me invente, hay muchísimas cifras que indican que las políticas actuales no están funcionando, nos estamos perdiendo, ¿en qué? No sé si en la investigación de los delitos, no sé si no hay medidas de seguridad pertinentes, no sé si en el momento en el que las personas piden ayuda no se les brinda, no sé si las víctimas no denuncian, no sé si no hay un diagnóstico adecuado, en fin, son muchísimas las posibilidades.

Me diagnosticaron con nepiofilia, un trastorno en el que la persona siente atracción sexual hacia niños pequeños, de 1 a 5 años, después entran los impúberes y luego los púberes, ahí ya se cataloga como pedofilia, eso hasta donde he investigado. También es importante decir que la pedofilia es cuando una persona siente atracción hacia un menor de edad, sólo atracción, la pederastia es ya accionar, abusar sexualmente o cometer una violación.

Actualmente se habla de una castración química voluntaria, y qué bueno que esta posibilidad está sobre la mesa, qué bueno que se está hablando de esto desde una perspectiva sin estigma, sin vergüenza, sin pensarlo como una venganza pública. Porque aquí el punto dejó de ser sexual, trasciende a la química, en donde las gónadas son las que provocan la atracción sexual a menores, trasciende la cuestión sexual y se vuelve químico. Y, ojo, no con esto se acaba el problema, porque para los agresores sexuales, la sexualidad es sólo uno de los componentes, tiene que ver con el poder y la situación psíquica y emocional que vivan. La sexualidad es sólo un eje, y, pon tú, suprimen ese eje con la castración, aun así el problema sigue siendo los impulsos.

Tengo mucha culpa, la he tenido desde que descubrí esta parte de mí. Afortunadamente mi familia me ha apoyado mucho, juntos hemos buscado una forma de sanar, de no repetirlo, pero la culpa se queda conmigo, es una culpa que cargo a todas partes. Por eso, agradezco estar en reclusión, fue algo bueno para todos a mi alrededor, así no le hago daño a nadie, empezando por mí.

Estar en un centro de reclusión me ayudó, empecé el proceso a la no repetición de la conducta, hablé sobre lo que soy, un pedófilo, un nepiófilo, entendí que es una característica que tengo que trabajar y aprender a vivir con ella, evitar ese impulso que te hace dañar a otras personas, sobre todo a personas indefensas como son los niños.

No sé si exista una solución a este padecimiento, se debe llevar a cabo un diagnóstico y seguir un tratamiento tanto interinstitucional como interdisciplinario, debe haber terapia de familia, de grupo, acompañamiento psicológico para, eventualmente, disminuir o eliminar el impulso sexual. Así que, si me preguntan, este problema debe ser atacado desde el campo de la salud, no puede tratarse como una política pública ni mediante una legislación. Actualmente tengo una sentencia de 15 años por violación agravada, se le denomina agravada porque fue un menor de 12 años con el cual compartí el mismo domicilio.

Tengo miedo de regresar a lo mismo, pero tengo confianza en el proceso que he llevado aquí adentro, que me permite no repetirlo, estoy agradecido de contar mi historia, porque a las personas privadas de la libertad no se les da la palabra, y creo que el primer paso para la solución de una problemática tan grande como la que es ésta es entendernos, hablar de nosotros y a partir de ahí, pensar en soluciones. Sé que no es fácil, da miedo, tenemos muy arraigada la idea de que si no hablamos de algo entonces no existe, porque nos duele, nos pesa, y esto, al contrario de solucionarlo, solo lo empeora.

Vivimos en un país donde la protección a la infancia es nula, y sumándole que la mayoría de las veces la misma familia de la víctima no denuncia por el dolor que viven tanto la víctima, el núcleo familiar y el mismo victimario; esto se vuelve un cuento de nunca acabar.

Considero necesario para la víctima la ayuda psicológica, terapias que ayuden para llevar una vida agradable, a sanar el daño que se le hizo, a caminar hacia una vida plena y dejar de lado cualquier abuso. Por ejemplo, parte de mi condena implica una reparación de daño, se le dice daño moral y la forma de repararlo es mediante terapias psicológicas

## ÓSCAR: ME EQUIVOQUÉ, PERO NO MEREZCO PAGAR CON 20 AÑOS DE MI VIDA

Me llamo Óscar, tengo 45 años y llevo 12 años preso. Estoy aquí por violación y corrupción de menores, dicen que drogué y violé a un niño de 12 años. La mamá del muchacho es la que me acusa.

Cuando caí aquí me dijeron que me iban a dar 16 años de cárcel, ni siquiera me dieron la oportunidad de tener un abogado, me dijeron que firmara mi sentencia y me callara; yo, obviamente, no quise firmar. ¿Cómo iba a firmar algo que no hice? ¿Cómo me iba a condenar por algo que no cometí?

Después de un mes volvió la muchacha que me acusa y me amenazó, me obligó a firmar el papel de sentencia. Al final me dieron 20 años. "Qué bueno, por violador", me dijeron.

Pero, empecemos por el principio. Crecí en una familia muy curiosa, donde pensaba que todo era bonito, todo alegría, pero era una mentira, de niño nunca vi la realidad, o no la quise ver, me encerré en un mundo donde no quería ver cómo mi papá golpeaba a mi mamá, por ejemplo. Recuerdo irme a dormir con la esperanza de que el día siguiente iba a ser diferente, que iba a despertar en una familia unida, bonita, sin violencia.

Estudié hasta el primer año de secundaria, no pude seguir porque no teníamos dinero para mantenernos, mucho menos para pagarme la escuela. Mi papá trabajaba vendiendo fruta y cosechando en el campo, pero un día se cansó y dejó de trabajar, vivía de lo que le daban mis tíos, les iba a llorar y ellos le daban para que viviéramos.

La familia de mi mamá tenía dinero, o eso creo, porque mis abuelitos le heredaron terrenos y algunas cosas de valor, incluso se iban a ir a Estados Unidos, pero ahí fue cuando mis papás se conocieron y mi papá dijo "de aquí soy", se casó con ella y le quitó todo a mi mamá, vendió sus terrenos y malbarató sus cosas.

A mis papás nunca les importó tenerme bien, ni a mí ni a mis seis hermanos, si yo entré a la secundaria fue porque mi vecina me metió a la escuela, ni siquiera fue porque mi mamá lo haya hecho. Prácticamente, yo me eduqué con mi vecina, ella era la que me enseñó a comer, a vestirme, me dio una familia en la cual confiar. Ella tenía tres hijos más, y a pesar de eso, me trataba como uno más de la familia.

Fui el único de mis hermanos que estudió, los demás sobrevivieron como pudieron. Uno de ellos, el mayor, se fue a vivir desde chico con mis abuelos, ellos le dieron un terreno para construirse una tienda; el que sigue pasaba droga a Estados Unidos, lo agarraron y murió en el penal, se contagió de VIH. Recuerdo que en ese entonces yo no tenía sentimientos hacia nadie, cuando me enteré que mi hermano estaba muy grave, no me importó, no sentí feo por él, yo estaba hueco de sentimientos.

Realmente, nunca sentí a mis hermanos y a mis papás como una familia, cada quien hacía las cosas por su lado, se escapaba de su realidad, por eso no tenía amor por ninguno de ellos.

Yo, de mis papás, no recibí nada, ni siquiera un shampoo para bañarme. Eso me causó mucho *bullying*, mis compañeros se burlaban de mí porque no me bañaba, porque olía mal. En ese entonces no lo entendía, de niño nunca me enseñaron lo que era el aseo personal, nunca nos dieron jabón o pasta de dientes, por eso no nos bañábamos.

También se burlaban de mí por mi ropa, vestía puro harapo, sólo tenía una playera, unos shorts y un par de tenis rotos.

Lo que sí, nunca nos faltó comida, mis tíos nos mandaban despensa de Estados Unidos, quesos, leche, huevo, de todo. Pero mi papá abusaba, les pedía dinero y con eso se compraba botellas y se metía en su cuarto a tomar por días.

Cuando entré a la secundaria me di cuenta que tenía problemas para ver, a la fecha no veo bien de cerca. Una vez se me ocurrió decirle a mi maestra de matemáticas que no alcanzaba a ver el pizarrón, a ella no le importó, me dijo que si no veía bien, ¿para qué iba a la escuela? Por eso, también, me salí de estudiar, había reprobado cinco materias y mi mamá me dijo que no tenía caso que estudiara, que no servía para eso.

Amo a mis papás, pero me daba vergüenza salir con ellos, veía cómo los papás de los demás eran amorosos, les compraban ropa, los sacaban a comer los fines de semana, y a nosotros nada, a mis hermanos y a mí nos tenían encerrados en la casa.

Por lo mismo, mis hermanos se fueron de la casa muy jóvenes, vieron que a mis papás no les importábamos, que nunca nos iban a dar un lugar digno para vivir.

Como dije, tenía una vecina que se ocupaba de mí, era muy buena persona, pero un día, no sé qué le pasó, empezó a abusar. Me dejaba encerrado en su casa para que le hiciera el quehacer, lavara su ropa y los trastes. Al principio, como ella tenía una casa bonita, una televisión grande y me trataban bien, acepté, pero ya después me agarró de su esclavo.

Tengo pocos recuerdos de esa parte de mi vida, a lo mejor lo bloqueé, porque siento que esa etapa fue una película de terror, un laberinto que me llevó a tomar las decisiones que tomé y por las que hoy esté aquí preso. Creo que toda la culpa la tienen mis papás, en especial mi papá, porque nunca supo ser un buen padre para mí ni para mis hermanos, a ellos los maltrató mucho, los golpeaba con alambres, los arrastraba por la casa, apenas y tengo recuerdos de eso.

Mi papá acaba de morir en marzo, uno de mis hermanos ni siquiera se presentó al velorio, así de odio le tiene. Mi madre murió hace cuatro años.

Yo nunca los odié, eso es pecado. El día que mi mamá murió yo lo presentía, un día antes había venido mi cuñada a visita, me dijo que mi mamá ya estaba mal. Desde ahí supe que no la volvería a ver, ni siquiera me trajeron su cuerpo para que me despidiera.

Tengo una hermana que se volvió cristiana y se fue para Estados Unidos. El día que murió mi mamá, ella me habló para darme un sermón de Dios, yo le pregunté si iba a venir a verme o, mínimo, a darle el santo entierro a mi mamá, mi hermana nunca vino. ¿Dónde está su Dios entonces?

Bueno, a los 18 años mi mamá me dijo que tenía que buscar un trabajo, me mandó a una tienda de abarrotes. Ahí sufrí mucho, todos se burlaban de mí, aunque tenía 18 años, era un "niñote" como de 12, decían que estaba muy "bobo". Había un gerente que me traía de bajada, me fregaba todo el día. Yo aguantaba por mi mamá, le quería ayudar, mi sueño era llegar con dinero y comida para ella.

Un día el gerente me dijo que estaba despedido por mugroso y gordo. Eso me dolió mucho, pero también fue una forma de retarme a superarme, así que me fui a comprar un shampoo, jabón, pasta de dientes y una muda de ropa, y al otro día fui bien limpiecito a trabajar.

Fue un parteaguas para mí, porque ya no regresé a mi casa, me fui a rentar un cuarto yo solo. Mi mamá lloró mucho, pero no porque le importara yo, sino que pensaba que los iba a mantener, y cuando me fui, se les fue el dinero.

Mi vida mejoró, empecé a juntarme con gente de más dinero, más arreglada. En ese entonces estaba la moda de los perfumes, recuerdo que Cindy Crawford era lo más *top*. Desde niño me gustaron esas cosas, la moda y el estilo de vida elegante, jugaba con mi vecina al desfile de modas.

A los 18 años tuve mi primer encuentro sexual con otro hombre, fue precisamente con el gerente de la tienda de abarrotes, él tenía unos 30-40 años, no lo recuerdo bien. Empecé a salir con él por venganza, porque él me decía que yo nunca iba a salir con nadie, que estaba gordo; pero un día me dijo que me invitaba a comer, y aproveché, como diciendo: "¿Ya vio que sí puedo?"

Lo malo fue que me enamoré de él, a pesar de que me maltrataba. Cada jueves salíamos y teníamos relaciones sexuales, pero a veces él me dejaba plantado o me corría de su casa, era un trato humillante. A pesar de todo, seguí con él por los privilegios que esto llevaba, por ejemplo, podía escoger mis horarios en el trabajo, salir más tarde, no hacer nada, en fin, tenía preferencia.

Después me di cuenta que eso "no era lo mío", no me interesaba el sexo con otros hombres, yo lo único que quería era estar en mi cama, no quería salir ni conocer gente, mucho menos relacionarme con los demás, yo estaba bien en mi soledad. Es que el ambiente gay está muy feo, son muy "curiosas", por eso no me gustaba mucho salir con ellos. Fue hasta que encontré a un muchacho, Lupe, que se hizo mi amigo, él era como yo, diferente, no éramos "vestidas" como las otras, nosotros teníamos más categoría, no andábamos en las cantinas como los demás, éramos mejores.

También me aburrió el gerente, así que decidí salirme de la tienda e irme a buscar otro trabajo. Me metí a una fábrica, yo tenía unos 25-26 años, no me acuerdo bien, es otro periodo de mi vida que tengo borrado por el trauma.

En ese entonces estaba saliendo con una muchacha, todavía no tenía definida mi sexualidad, andaba con hombres y mujeres. Salía mucho de fiesta, me rebelé, empecé a consumir cocaína. Me despertó el odio hacia mis padres, en fin, muchos excesos.

De ahí, lo único bueno es que pude sacar mi casa con el Infonavit, y me ponía unas fiestas tremendas, llegaba media fábrica a mi casa a "echar desmadre", los vecinos me odiaban.

Me volví muy popular, tenía muchos amigos, tanto en el ambiente gay como en el trabajo. Tenía una amiga "jota" que según era bruja, ella conocía a los narcos de la colonia, les hacía sus "limpias", entonces se agarró mi casa como su "consultorio", decía ella; yo no tenía problema, mientras me dieran droga y alcohol, yo dejaba que llegaran a mi casa las camionetas con la mercancía a descargar.

Los vecinos nunca me dijeron nada, supongo que por miedo, porque antes las cosas estaban muy feas, había mucha violencia… creo que ahora también, pero no lo sé, llevo aquí encerrado demasiado tiempo.

En ese entonces yo era "cabrón", jugaba con la gente, tenía buen cuerpo, era joven, engañé a muchos muchachos, tenía sexo por dinero, era frívolo. También engañé a mujeres, las hice sufrir. Tuve una novia muy bonita, la conocí en la fábrica, salimos un tiempo y ella quedó embarazada, cosa a la que no le di importancia y que ahora me persigue, porque un día esta muchacha tuvo un accidente y perdió al bebé, estuvo varios días incapacitada y yo no fui ni a verla, no me interesaba, mi mentalidad era distinta, me "valía madre" todo.

Después me hice de un noviecito, yo tenía 33 años, él 18, era hijo de mi vecina. Y mi novio tenía un amiguito, un niño de 12 años, chiquillo, no sé por qué eran amigos, pero así estaba la cosa. Un día este niño fue a tocar mi puerta, preguntando por su amigo; yo estaba muy drogado, venía acabando una fiesta en mi casa y yo seguía en otro plan. Ya antes una amiga me había advertido de este niño, "es un malandro", me dijo, pero uno cuando está en el "desmadre" no se da cuenta de las cosas, todo se le hace fácil.

Total que este niño agarró la costumbre de ir a preguntar por su amigo a mi casa, yo lo dejaba pasar, no le veía nada malo. Pero su mamá un día me levantó la denuncia diciendo que yo lo había drogado y lo había violado, y eso nunca pasó, incluso tengo un recuerdo donde el niño me dice que él me había penetrado a mí, porque él ya estaba bien "vividito", aunque digan que tiene apenas 12 años, ese niño es un malandro de primera.

Su mamá dice que yo lo drogué, ¡¿cómo lo iba a drogar si esa era mi droga, mi vicio?! Después dicen que yo lo forcé y lo sometí, pero también dicen que el niño fue a comprar condones, entonces no me explico: si se supone que lo forcé, ¿por qué fue él a comprar condones? No hay congruencia.

A lo mejor sí hice cosas, tampoco voy a negarlo, pero él mismo dijo que el que penetraba era él a mí, no sé por qué después salió a contradecirse y a cambiar las cosas, pienso que fue la presión que le metieron sus papás, porque yo en ningún momento fui a buscarlo, él llegó a mi casa por su propio pie.

Incluso pedí un careo, porque en su cara le puedo decir que las cosas fueron distintas, él fue el que me volteó y me penetró, pero a la fecha no me han dejado tener el careo.

Incluso, el papá del muchacho le dijo a mi hermano que para retirar la denuncia le tenía que dar unos páneles solares y no sé cuánta cosa más, lamentablemente no los tenemos, entonces me dejaron aquí.

Bueno, me agarraron un 4 de enero, llegó la Policía Ministerial a mi casa y me arrestaron. Estuve casi cinco años sin un licenciado que defendiera mi caso, años en los que me tuvieron encerrado sin siquiera mostrarme mi expediente. Y la culpa de todo la tuvo mi hermano, porque él, supuestamente, me había contratado un abogado, puras mentiras. Cuando la señora ésta, la mamá del niño, vino a que yo firmara la sentencia, fue cuando me di cuenta que yo ni siquiera tenía defensa, que mi hermano nunca contrató a nadie. Desde ahí no volví a hablarle a mi hermano, yo no voy a estar mendigándole nada.

Como no quise firmar la sentencia, me golpearon, me torturaron para que confesara, me dijeron que eran 11 años por violación, 4 o 5 por corrupción de menores y otros más por portación de arma blanca con violencia, que eso no sé ni de dónde lo sacaron.

Actualmente ya no consumo drogas, llevo 12 años sin drogarme, eso me ha hecho ver muchas cosas y me doy cuenta de mis errores. La vida en la cárcel es dura, pero no es lo peor, hay cosas peores como el abandono, la muerte de mi mamá, la soledad...

Soy solitario, no me gusta juntarme con las "jotas" de aquí, he visto a muchas que se mueren de VIH. Yo me cuido, por eso no tengo novio, a lo mejor sí practico el sexo oral, pero todo con precaución, porque aquí hasta por estornudar te puede dar VIH.

Soy una buena persona, no soy un violador. No voy a decir que no merezco estar aquí, a lo mejor sí me equivoqué dejando entrar a este niño a mi casa, pero no por eso tengo que pagar con 20 años de mi vida.

Mis hermanos vienen a verme, una o dos veces al mes, también me mandan dinero. Ayer estuve a punto de gritarles: "¡Vengan, me siento muy solo!", pero sé que no les va a importar lo que siento, así que mejor me pongo a ver la tele o a ocuparme en otras cosas, evito los sentimientos, bloqueo lo que me hace daño, como la muerte de mi mamá.

Tengo un hermano que está muy metido en drogas, me dan ganas de aconsejarlo, decirle que se aleje de ese camino, pero sé qué me va a decir: "¿Tú quién eres para decirme eso? Mírate dónde estás, preso", por eso me callo, me alejo.

Tampoco tengo amigos, prefiero evitarme problemas, porque aquí hay compañeros que se despiertan de malas y se la agarran contra quien se encuentren enfrente. Apenas vi en la tele un programa cristiano, no soy muy creyente, pero lo que dicen en esos programas me motiva, me da ánimos, agarro lo que me ayuda a sobrepasar la vida aquí. A veces hablo con Dios, así en mi loquera, le pido que me dé la fuerza para trabajar, sacar unas moneditas aquí adentro, no puedo quedarme sin hacer nada.

Antes intentaba caerle bien a la gente, pero ya tengo 45 años, ya me siento grande, cansado, a veces hasta viejo. Me gustaría salir de aquí y hacer una familia, casarme con alguien y morir juntos de viejitos, quiero una persona que aporte algo positivo a mi vida y no me deje solo.

## ISMAEL: LA MUCHACHA JUGUETEABA BASTANTE CONMIGO, YO TENÍA 41 AÑOS Y ELLA 14

Me llamo Ismael, nací en una comunidad muy pobre, en Oucatlán Zacapoaxtla, Puebla. Desde niño he padecido económicamente, mis papás apenas tenían para darnos sustento a mí y a mis hermanos. Éramos 8 hermanos en total, pero a uno lo mataron a los 23 años y otro llegó *nomás* para conocer la vida, porque, así como nació, se fue.

La vida en el pueblo es difícil, no es lo mismo crecer en una ciudad grande como la Ciudad de México y desde chico estudiar, no, allá en los pueblos tienes que trabajar. Yo empecé a trabajar desde los 7 años y no paré, a los 10 años iba a acarrear tablas de madera y a ayudarle a mi padre en el campo. Cuando tenía 14 años ya no quise ir a la escuela, es que no iba diario, a veces 1 día o 2 a la semana, entonces ya no le encontré chiste seguir. Llegué hasta sexto de primaria, pero con mis limitaciones, y lo acepto, aquí les digo a los señores autoridades, que me catalogo como si hubiera estudiado hasta tercero de primaria, porque hay que ser consciente de que no es lo mismo que vayas todos los días a la escuela, a que vayas *nomás* un día o 2.

Además, yo sufría de lo que ahora se conoce como *bullying*, los demás niños se reían de mí porque no hablaba español, mi primer lengua es náhuatl, el español lo aprendí ya grande, en la escuela; además, como éramos muy pobres, yo iba todo harapiento, ni huaraches tenía.

Dejé la escuela y me puse a trabajar, y a esa edad, 13, 14, 15 años, ya piensas diferente, ya empiezas con la novia, son los primeros amores. Y para entonces nosotros, mi papá y yo, trabajábamos en el pueblo aserrando madera, sacando madera tabla. Un día, me "fugué" un ratito con mi novia, llegué tarde al trabajo y mi papá se puso muy mal, me corrió, me gritó muy feo que me largara, que no me necesitaba. Los papás de antes eran otra cosa, pensaban diferente, esto ya se lo había hecho a mis hermanos, pero es el padre y hay que respetarlo. En lo que sí fui diferente a mis hermanos es que yo no me "dejé", si mi papá no me iba a bindar su apoyo, estaba bien, no me importaba; le hablé a un padrino que tengo y me salí del pueblo para irme a vivir con él a la Ciudad de México.

Busqué trabajo como albañil, pero me costó mucho porque soy de baja estatura, entonces nadie me aceptaba. Fue hasta que un señor me apoyó y me dio trabajo, así me *chingué* para conseguir algo de dinero, junté 10,000 pesos que en su momento, en 1986, eran unos 1,000 o 500 pesos de ahorita, pero, para mí, un *chamaco* de pueblo, era mucho. Junté mi dinero y me fui al pueblo a ver a mi mamá, pero fue una puñalada en el corazón cuando mi papá me humilló diciendo que eso no era nada, que eso lo ganaba él en una hora. Lo dijo nada más para hacerme quedar mal, él estaba dolido de que yo me había ido así *nomás*, pero sus palabras se me quedaron muy grabadas.

Regresé a la Ciudad de México y me puse a vender papas (botanas) con un amigo, ya tenía unos 23 años y era más abusado, la ciudad me enseñó, porque la educación del pueblo es más estricta, no puedes contestarle a tu padre, a tus tíos, a tus abuelos, etcétera, y al llegar a la Ciudad de México es diferente el panorama, o sea, es más abierto, puedes socializar con la gente y eso me gustó, me llamó bastante la atención el trabajo de vendedor de papas, soy muy profesional haciendo papas y *churrumáis*, sé vender las cosas.

Conocí a una muchacha que se volvió mi novia, tiempo después me "junté" y con ella tuve 5 hijos. Fue difícil al principio, porque ella estaba educada de otra forma, era indígena también, y no quiso trabajar, decía que su deber era estar en casa con los niños. Ellos no vivían conmigo, cuando se embarazó, se fue a casa de su mamá, en el Estado de México, yo iba a verlos cada 15 días, pero eso no es vida, le insistí que se vinieran todos para acá, a Ciudad de México, pero no quiso, le insistí mucho y no quiso, y como yo no podía hacer nada, en ese momento no podía obligar a nadie, la dejé.

Me llegaron los 27 años y conocí a mi segunda mujer, que es por la que estoy aquí. Primero, ella estaba de novia con mi amigo, y todo bien, yo les tenía aprecio y hasta los apoyaba económicamente; ellos vivían en el Estado de México, y allá iba yo a visitar a esta muchacha. En una de esas se embarazó de mi amigo y tuvo a una niña, yo le pagué todo, la acompañé al doctor, la sacaba a los lugares que quisiera, empezamos a tener una relación formal y ella dejó a mi amigo.

Yo le dejé claro que tenía otra familia y a ella no le importó, así que tuvimos a nuestro primer hijo. En ese entonces me iba muy bien económicamente, a pesar de que tenía mis 6 "vitrinas", hijos pues, también tenía varios puestos de botanas, entonces podía cubrir todos los gastos, pero, con el tiempo, me empezaron a consumir, todo se me iba en mandarles dinero a mis hijos y ya "no salía".

El problema empezó con la hija de mi esposa, la que también es hija de mi amigo; ella me veía como su papá, y yo, de cierta forma, adopté ese papel. Pero la muchacha jugueteaba bastante conmigo, en ese entonces yo tenía 41 años y ella 14, y un día empezó con la idea de querer besarme. Al principio le dije que no, que eso no era correcto, pero insistió tanto que, con el perdón, terminé cediendo a… a todo. Le dije que yo podía ir a la cárcel, y ella me contestó que no iba a decir nada, eso dicen todas. Fue un shock interno para mí esta situación, le reclamé a la muchacha, pero ella contestó que no, que yo iba a ser suyo hasta que me volviera viejito, así me lo dijo. Estuve con ella muchas veces, centenares de veces, pero todo por ella, yo le hacía ver que estábamos mal, que sus hermanos eran mis hijos, que ella estaba chica, pero no le importó.

Estoy consciente de que hice mal, ante Dios tal vez no sea un pecado, o puede que sí, pero ante la sociedad no va a estar bien. Yo puedo decir que es bajo consentimiento, pero la sociedad no lo va a ver así.

Resulta que se "metió" con otro muchacho, ya de su edad, y salió embarazada. Pero me di cuenta que estaba enferma, que no estaba bien y le dije: "Sabes perfectamente que se va a descubrir todo esto, se va a descubrir, se va a descubrir".

Para esto, vino una de sus primas, Lucero, de 17 años, y estando aquí, yo me "metí" con ella, y resulta que la *chamaquita* también se embaraza. Me espanté mucho, pero en el fondo sabía que el niño no era mío, cuando una mujer se embaraza de mí, siempre lo sé, pero en este caso no, nunca hubo sentimientos de nada.

La niña ésta se fue a su pueblo y me acusó, entonces toda la familia se me vino encima. En un principio, llegamos a un acuerdo yo y las muchachas, como gente civilizada. Ofrecí cubrir todos los gastos y hacerles los análisis a las hijas que dicen que son mías, y si salía positivo que eran mías, aceptaba ir a la cárcel, así de sencillo, ¿para qué darle la vuelta tanto? Yo siempre he hecho las cosas bien, así es como se debe hacer, nada más que otra gente les metió la idea de que me acusaran y ellas mismas me "pusieron" aquí.

Ya después, cuando estaba sentenciado, ella salió a decir que el niño no era mío, que era de su abuelo, pero me pasó a *fregar*, yo ya tengo una condena de 48 años, ya no salgo.

Total, que mi detención fue porque empezaron los rumores, mi ex mujer me dijo que nos mudáramos porque estas personitas no se iban a quedar calladas. Hasta eso, mi ex esposa me apoyó muchísimo, a pesar de haberme acostado con su hija, ella me perdonó y quiso sacarnos adelante. Ella me conoce, sabe que no toco a una mujer sin su consentimiento, y se lo dije, yo no voy a hacer la *pendejada* de violar a una mujer, yo respeto a la mujer pero, cuando se da la oportunidad, no soy de madera.

Bueno, la detención sucedió cuando nos íbamos a mudar, el mismo que nos rentaba me entregó, llegaron las autoridades y comenzaron a golpearme: "¿Sabes de qué se te acusa? Ya *valiste madre*", y *madrazo* tras *madrazo,* así me trajeron desde Santo Domingo, Coyoacán, hasta la Delegación. Incluso cuando llegamos, no pararon los golpes, un policía sacó su pistola y me apuntó directamente a la cabeza: "Aquí mismo te mueres, *cabrón*", me dijo. Y aunque sentía que ahí mismo se acababa mi vida, agarré fuerzas para decirle al oficial que no me importaba, que disparara, que sí, aceptaba que era culpable, pero que no tenían derecho a hacerme esto, y el policía se calmó.

Me pasaron adentro, a una salita donde estaba una señorita, y así como los oficiales, me dio una patada. Al mismo tiempo, estaba escuchando la declaración de una de las muchachas que me acusaba, estaba cerca, como a 3 puertas de donde yo estaba. Minutos después entró un oficial de nombre Álvaro y me indicó todo lo que tenía que declarar, no me dejaron decirlo por mí mismo; en la declaración que firmé está que yo fui el culpable de todo, que yo la empecé a *manosear* y luego a violarla. Pero, para entonces, me hicieron declarar sin un abogado, a puras amenazas me hicieron firmar. Y uno no está preparado para esas cosas, te da miedo que te quiten la vida o le hagan algo a tu familia, por eso haces todo lo que te dicen los oficiales.

Me trasladaron al MP, me hicieron estudios de la paternidad de las niñas y salió negativo, también les hicieron estudios a ella para comprobar la supuesta violación y resultó ser negativo. Después me quisieron extorsionar, me pedían 30,000 pesos, hablé al pueblo y les platiqué la situación, pero mi hermano investigó y, aunque dieran los 30,000 pesos, no me iban a sacar, era pura extorsión, entonces no hicimos caso y no dimos nada.

Llegó el juicio y me sentenciaron, primero me dieron 37 años, metí mi amparo, pero me lo negaron y subieron 6 meses la condena. Aquí quedé.

Escribí un corrido de mi historia, ya que no me dejaron declarar, al menos lo puedo cantar, así dice:

*La historia comienza a mediados de junio*
*del año setenta.*
*El rey de las papas llegaba a este mundo*
*allí en Zacapoaxtla,*
*salió de su casa a los 16 años*
*rumbo a la gran ciudad.*

*Llevaba en su mente todos los deseos*
*de querer progresar.*
*Yo fui mujeriego dice, no lo niego,*
*aunque a todas ellas les daba mi amor.*
*Es mi hija Estrellita y mi linda Amalia,*
*las únicas dueñas de mi corazón.*
*Todas las personas que lo contrataban*
*también lo admiraban allá en la central,*
*pero el 30 de octubre desde 2011*
*la suerte mis compas me vino a cambiar.*
*Soy un caballero, su nombre no quiero*
*nombrar por respeto,*
*y aquellas mujeres que fueron tan crueles*
*y que por su causa hoy me encuentro preso.*

*Golpes y humillaciones tuve en mi mente,*
*en mi cuerpo y en mi corazón,*
*siempre he sido gente de mucho valor.*
*A los que me acusaron no les guardo rencor*
*solo les pido que los perdone Dios.*
*Las leyes del hombre*
*que me sentenciaron a 48 años*
*no hacen que me doble yo soy como un roble*
*a nadie hice daño.*
*Voy a despedirme de todos ustedes*
*con este último verso,*
*ahí va un saludo para mi linda Amalia*
*y para mi hija Estrellita y para todos mis cuates,*
*así se despide Ismael Pérez Hernández*
*de todos ustedes aquí en el Distrito*
*y en todo lugar*
*es el rey de las papas,*
*el mejor de los mejores.*

Sé que estuvo mal lo que hice, el haberme acostado con estas niñas, pero sucedió y no puedo regresar el tiempo. Lo único que me da un poco de alivio es que fue con consentimiento, y sé que esto pasa bastante, lo digo en carne propia. Porque yo muchas veces le dije a esta niña, la hija de mi ex esposa, que no quería, que no estaba bien, pero ella se me subía, me buscaba, su frase siempre era: "Ya te dije que eres mío, hasta que la muerte nos separe", y yo cedía, lo disfrutaba, la *mera* verdad.

De los niños ya no supe nada, creo que los regalaron, los dieron en adopción. Y no me interesa lo que hagan con ellos, no son mis hijos, de las únicas que me gustaría saber es de mi hija Estrella y mi ex mujer, Amalia. A Estrellita la dejé de 1 año y medio, ahorita ha de tener unos 12 años; de mis otras hijas, las de mi primer matrimonio, no sé nada, han de tener unos 25 o 26 años, pero quien sabe, cuando me separé de su mamá, perdí toda comunicación; tenía sus números de teléfono, pero una vez, aquí, me los robaron y ya no pude marcarles.

Llevo 11 años sin recibir visita, estoy solo. Hace 8 años me despedí de mis padres, mi papá tiene 83 años, eso si todavía vive, mi mamá ha de tener unos 80, pero yo ya me despedí de ellos y no volví a saber nada. Lo último que les dije fue que me perdonaran, que era la última vez que hablábamos, pero que se fueran tranquilos, que no pensaran ya en mí.

Nunca he pensado en quitarme la vida, al contrario, me gusta vivir, y es el ejemplo que quiero darles a mis compañeros, porque no me drogo, no tomo, siempre les doy el consejo de que no vayan a cometer errores como el que yo cometí. Mis compañeros me han catalogado como buena persona, todos, toda la población, me tienen por la mejor voz que está aquí en este reclusorio, que aquí nació un cantante. Me tienen bajo buen concepto.

Estoy bien agradecido con mi Dios y con la gente de aquí. Estoy tan agradecido de que una persona que no sabía tocar una guitarra, hoy por hoy pueda tocar una guitarra y cantar con mariachis, que pueda tocar, bailar y ¡hasta componer corridos!

Sé que merezco estar en la cárcel, reconozco mi error, sé que cometí un delito, pero me hubieran echado menos años, a lo mejor unos 15, pero no 45. La justicia es… injusta, porque pienso que hay mucha gente allá fuera mucho más "pasada de lanza", como dicen aquí, que no merecen estar allá afuera. En fin, así son las cosas.

## JUAN: SE ME ACUSA DE LA VIOLACIÓN DE 6 MENORES DE ENTRE 4 Y 9 AÑOS

Me llamo Juan, tengo 28 años y estoy en la cárcel desde los 22, acusado de corrupción de menores de edad, abuso sexual, pornografía infantil y violación, pero, según mi abogado, estoy condenado solo por violación.

Crecí con mi familia en Campeche, vivíamos en casa de mi abuela ya que ella tenía problemas de salud y nosotros la cuidábamos. La casa la compartíamos con un tío y su familia.

Somos 4 hermanos, yo soy el más pequeño de los varones y tengo otra hermanita más chica. Mi papá era chofer, transportista, y mi mamá hacía limpieza general, ya sea en casas o en oficinas.

Llevaba una vida normal, cursé la primaria y la secundaria bien, pero tuvimos que mudarnos para atender cuestiones de salud de mi abuela, ahí dejé de estudiar, preferí meterme a trabajar y aportar con dinero a mi casa ya que empezamos a tener carencias. Mi hermano el mayor estaba terminando la preparatoria, yo apenas iba a empezar, entonces decidí sacrificarme para que él tuviera una carrera y yo quedarme apoyando a mis papás.

Durante los años de secundaria trabajé como "cerillito", después, ya que había dejado la escuela, subí a cajero, luego estuve en varias tiendas de conveniencia en diferentes puestos. Siempre he sido una persona hogareña, de familia, desde chico adopté el rol de protector porque, a pesar de que era el más chico de los hombres, era el que más aportaba económicamente.

Tuve una infancia difícil, dolorosa, desde los 8 años sufrí violación sexual de parte de un familiar, mi tío. En ese momento no tenía idea de la magnitud de la situación, mi mente trata de borrarlo, suprimirlo, pero conforme fue avanzando la vida, mi di cuenta del daño que te causan ciertas acciones, como lo que me pasó. En el penal el tiempo sobra, puedes pasar horas analizando tu vida, recordando cosas que bloqueaste de niño, y lo primero que reviví estando acá fue la violación que sufrí.

Esta persona que abusó de mí no lo hizo una sola vez, fueron muchas ocasiones; las primeras veces usó la fuerza, pero conforme fue pasando el tiempo, se hizo algo rutinario en mi vida, incluso lo vi como algo normal. Yo no podía pensar con claridad, estaba muy chico, pero mi violador me manipuló, era una persona de 35 años que usó todo lo que estaba a su alcance para violarme.

Pasaron 2 años de abuso, años en los que guardé silencio por miedo a lo que podía pasar si alzaba la voz. Y así como me violaron, yo hice lo mismo porque, pienso, es una especie de programación mental; un ejemplo, si desde niño ves que tu papá es alcohólico y que maltrata a tu mamá, vas a crecer con esa idea y vas a repetir patrones, te programas para actuar así.

A los 16 años tuve mi primera experiencia con alguien más pequeño que yo, él tenía 10 años. Todo empezó como un juego, le comenté que hacía algunos años había tenido una experiencia, una situación con alguien mayor y que había estado "padre", entonces el niño me dijo que quería experimentar lo mismo. A esa edad, 16 años, me dio risa, y durante meses tuvimos una interacción, pero las cosas estaban escalando e intenté retirarme, no quería problemas, estaba cada vez más cerca de cumplir 18 años y podía meterme en problemas más grandes, pero él me dijo que no, que quería intentar algo bien conmigo, y así seguimos por año y medio.

En nuestro primer aniversario le hice un video con fotos y canciones, algo romántico, y mi papá lo descubrió, así que le tuve que contar todo, le dije que estaba experimentando algo nuevo y que me sentía feliz. Él solo me dijo que me cuidara, que fuera inteligente si no quería tener problemas.

Tuvimos que terminar la relación porque sus papás se enteraron, y a pesar de que ambos lo negamos, nos separaron. Tengo entendido que la mamá de él ya lo sospechaba, pero no decía nada, el que empezó todo el "pancho" fue el papá, cuando estaba borracho me reclamaba o hacía insinuaciones; el punto de quiebre fue un día que llegué a casa del menor a regresarle una película que me había prestado, su papá abrió la puerta, estaba semi desnudo y con el pantalón desabrochado, me dijo que su hijo no estaba, pero cuando me asomé lo vi, estaba en puro bóxer, y eso me hizo pensar. Varias veces le pregunté si tenía algo con su papá, y su respuesta era reírse, entonces eso me hizo cuadrar que el papá me hacía los dramas no tanto por el hijo, sino porque tenían una relación. En su momento, lo único que pensé fue que era una relación padre-hijo y yo no era nadie para intervenir, estuviera o no mal, era cuestión de ellos. Por eso decidí alejarme. A lo mejor suena macabro, pero es lo que vi, y aquí he escuchado infinidad de historias que ya no me sorprende nada.

Me puse triste, porque sí llegué a sentir algo por esta persona, los encuentros que teníamos no eran por mero morbo, no, yo nunca he tenido la intención de lastimar a alguien, solo sigo un patrón que tengo en la mente.

Bueno, mis papás decidieron mudarnos a otro Estado, y yo cerré un ciclo. Mis papás se mudaron a Cancún y me dieron la oportunidad de quedarme en Campeche, pero yo decidí alejarme de todo; irónicamente, pensaba que el cambio de Estado iba a alejarme de los problemas, y aquí caí en otros peores.

En ese tiempo, durante mi primera relación con este menor, yo no estaba 100% consciente de lo que hacía, yo pensaba que era normal; para mí, era simplemente tener un novio y ya, no me fijaba en la edad, estaba genuinamente enamorado.

Llegué a Cancún a los 18 años, nos instalamos en casa de un primo y después con una tía, pero no nos gustó la zona, así que nos mudamos unas 6 veces antes de encontrar la casa en la que actualmente viven mis papás.

En esos años pasó algo muy curioso, los menores se acercaban a mí sin la necesidad de que yo los buscara, de alguna forma "se ponían en bandeja de plata". Ellos llegaban a mí por mi forma de ser, soy una persona que da sin esperar nada a cambio; por ejemplo, cuando salíamos a jugar futbol, ganáramos o perdiéramos, yo compraba refresco y papas para convivir con todos, así he sido siempre, comparto lo que tengo y trato de proteger a los que no tienen.

Me detuvieron un 16 de diciembre en la mañana, mientras trabajaba vendiendo periódicos, iba en mi moto cuando llegó la policía ya con una orden de aprehensión; no me resistí, encargué mi moto a unas personas que consideraba amigos, sin saber que ellos mismos habían sido los responsables de meter la denuncia.

Me llevaron al Ministerio Público y procedí a realizar mis llamadas, la primera fue a mi mamá, le marqué 3 veces y no contestó, Dios sabrá por qué, la segunda llamada la hice a mi hermana, ella sí contestó a la primera.

Al principio no sabía por qué me estaban deteniendo, ni siquiera me lo imaginaba, fue hasta que me dieron a leer la orden de aprehensión que lo entendí. A partir de aquí me dirigí como un hombre, acepté lo que había hecho y tomé responsabilidad de las cosas, porque una vez mi papá me lo dijo: "Si tienes los pantalones para hacer lo que estás haciendo, también tenlos para asumir las consecuencias", entonces lo hice; incluso cuando leí la orden de aprehensión, vi que mi nombre estaba mal escrito y eso se lo dije al juez, no sé si eso hable bien o mal de mí, pero siempre me dirigí con responsabilidad de mis actos.

Estoy aquí por los delitos que mencioné al principio, y lo acepto, el único que me da miedo es la palabra "violación", porque lo primero que se te ocurre cuando escuchas eso es en violencia, forzado, y mi historia no es así. Lo que yo hacía, simplemente, era aprovechar los momentos que tenía con los menores, pero sin forzarlos a nada.

Se me acusa de la violación de 6 menores, todos vecinos míos, niños de entre 9 y 4 años, nunca me llamaron la atención las mujeres, pensaba en mi hermanita y eso me detenía. Además, basado en mi teoría del por qué cometí estos actos, en la idea de que mi cerebro estaba programado ya, la persona que abusó de mí cuando era niño era hombre, y pienso que eso determinó que yo escogiera menores hombres para seguir con el patrón.

Un mes antes de que se pusiera la denuncia, la mamá de uno de los menores, justo la familia a la que les dejé encargada la moto, vio un video que le hice a su hijo y me amenazó de muerte. En lo primero que pensé fue en mi madre, y no en mí, así que me puse a orar a Dios y pedirle su ayuda para que él me guiara y pudiera darle una respuesta a la mamá de este niño. No sé exactamente qué escribí, pienso que fue Dios que tomó mis manos y escribió eso, pero la mamá retiró su amenaza, me dijo que lo que yo necesitaba era ayuda, que analizara mi vida y pidiera perdón, hasta me pidió una disculpa por la amenaza que me hizo. Porque hay que entender que los videos que yo mandaba eran porque me los pedían, y este menor en especial me lo pidió porque, dijo, quería hacer lo mismo que yo. Nunca trafiqué con videos ni material de menores, yo únicamente hacía eso como una forma de explorar mi sexualidad.

De los primeros 3 menores hay evidencia del abuso, y de ahí se agarraron los otros 3 para coordinarse y acusarme en conjunto. No culpo a ninguno de ellos, porque, al final, fui yo el que actuó, por eso elegí el juicio abreviado, porque si me iba a juicio normal, los menores iban a tener que declarar y acudir a audiencias, y no quiero eso, ya les arruiné suficiente la vida como para meterlos más en un proceso así, no quiero perjudicarlos.

Aquí en el penal hay muchos rumores de lo que los mismos internos le hacen a los violadores, por eso tenía miedo; gracias a Dios, cuando llegué aquí, las cosas estaban cambiando.

Cuando llegué conocí a una persona, él me enseñó que el cerebro tiene muchas capacidades y nosotros podemos seleccionar recuerdos, anécdotas, vivencias, y aprender lo mejor de cada uno, porque en cada error hay una lección de vida. Lo importante es conocerte y aceptarte con todo y tus errores, porque si no te aceptas tú, nadie lo hará.

He tenido muchísimo tiempo para pensar qué soy y lo que me gusta, comprender por qué lo hice y ahora puedo decir que he cambiado, ya no tengo esa atracción hacia personas menores, no la siento, es algo que me ha dado estar aquí, arrepentirme y cambiar, porque todo se puede cambiar, simplemente es tener la voluntad de hacer las cosas bien.

Aquí aprendí sobre la culpa, la sentí por primera vez, porque antes ni siquiera lo pensaba, mi forma de actuar era distinta, lo que yo hacía con los menores era tan normal como el hecho de comer, beber o correr. Insisto, algo que me confortaba era que nunca hice uso de la violencia, no dañé a los menores de esa forma, en sus exámenes psicológicos no hay ningún daño visible, por eso salí absuelto de pagar reparación de daños. Varios de los menores siguen viviendo ahí donde viven mis papás, y ellos me cuentan que los niños siguen su vida normal, están como si nada hubiera pasado; y yo, siendo víctima de violación, sé que cuando sí te afecta, no sales, no socializas, tienes miedo y eres retraído, así lo viví yo, tuve muchos problemas para convivir con las personas, y el hecho de saber que los niños que agredí están como si nada, me lleva a pensar que no les afectó lo que hice.

Tengo una sentencia de 35 años, apenas llevo 6, cuando salga voy a tener 50 y tantos, toda una vida en prisión. Sé que lo merezco, pero si la vida me prestara una oportunidad para salir antes de aquí, no la desaprovecharía, sería una bendición. Sé que no puedo cambiar el pasado, pero si tuviera la oportunidad de enmendar algunos errores, lo haría, a lo mejor compartiendo mi experiencia.

Y quiero recalcarles a los papás que deben poner mucha atención en sus hijos, la confianza no se le da a cualquiera, y a veces eso se les olvida. Por ejemplo, yo me ganaba la confianza ayudándoles en la casa, siendo acomedido y acercándome poco a poco a la familia, era el *modus operandi*.

Sé que no es justificación, pero he pensado que no estaría aquí si mis papás me hubieran puesto un poco más de atención, porque ellos se enfocaron mucho en su papel de padres proveedores y dejaron de lado las necesidades emocionales o de atención hacia sus hijos, el cariño, el tiempo y el amor son cosas que ni todo el dinero del mundo puede comprar, y el tiempo se va y no regresa, y en el transcurso de ese tiempo pueden pasar cosas que te cambian la vida y te marcan para siempre.

También hago responsable a mi tío porque él me desató todo al violarme, abusó de la confianza familiar y arruinó mi vida; nunca he podido hablar con él de lo que pasó, lo último que supe fue que estaba muy mal de salud. A mis papás les conté de esto hasta que estaba en prisión y, curioso, a mi papá no le sorprendió nada, porque mi tío ya tenía todo un expediente de abuso, lo siguió haciendo incluso cuando ya estaba yo aquí.

Soy consciente de que esto que tengo, la atracción hacia los niños, no se me va a quitar, pero sí puedo poner límites; por ejemplo, tú puedes amar a tu gato, tu perro, tu mascota, pero no por eso vas a intimar con él. Asimismo, están tus hijos, tus sobrinos o tus hermanitos, y nunca hay que sobrepasar la línea con ellos, porque una cosa es el amor y otra la sexualidad. Y quiero ser muy puntual con esto del amor, porque el ser humano pasa por muchas etapas a lo largo de su vida, tenemos el amor de adolescentes, del noviazgo, de los padres, de los abuelos, así hasta morir; si nosotros logramos entender que en todas estas etapas hay un proceso de amor diferente, entonces ya estamos del otro lado.

Esta reflexión me llegó ya en prisión, entendí que yo nunca pude amar como debía ser, nunca pude vincularme con otra persona de mi edad de manera sana, por lo que me pasó de niño creé una barrera que me impidió relacionarme y buscar solo el "amor" con menores, que eran quienes me mostraban su interior y no tanto su físico, yo veía a las personas por lo que eran por dentro. Muchos matrimonios tienen el problema de que se basan en lo físico, en lo sexual, y dejan de lado el amor, y ahí se pierde todo.

He aprendido a amar, apenas tuve una pareja de mi edad que salió libre el año pasado, con él viví muchas cosas, le ayudé a sanar problemas internos, nos apoyamos el uno al otro, le enseñé a ponerse en el lugar de los demás, ser empático. Y así como él me ayudó a entender el amor, yo lo complací con el tema sexual, porque entiendo que somos humanos, tenemos necesidades, y si él me complacía en ciertas cosas, ¿por qué yo no hacerlo?

He escuchado sobre la castración química como una medida contra la pedofilia, pero no sé si yo pueda opinar de eso, en lo personal, a mí me gustaría tener familia, una vida más allá. No considero que padezca una enfermedad, las enfermedades son solo un reflejo de nuestro estado espiritual, y yo lo que tengo es un trauma psicológico que, con la ayuda necesaria, puedo cambiar.

Sinceramente, agradezco estar hoy aquí, la cárcel me ha cambiado la vida, y si tuviera unas últimas palabras, me gustaría pedirles una disculpa a todos los menores a los que ofendí, si pudiera hacer algo para enmendar el daño, lo haría, sin dudarlo. También quiero recordarles a los papás que los hijos son más que una bendición, son nuestro futuro, así que no les nieguen la confianza, el apoyo, el cariño y, sobre todo, el amor. Y a las víctimas de abuso, no tengan miedo, hablen, no se preocupen por lo que puede pasar, porque los valientes son los que tienen el valor de hablar cuando algo está mal, cuando algo daña a alguien más o a uno mismo.

## ALGUNOS APUNTES SOBRE PSICOTRAUMA

*MERCEDES CASTAÑEDA GÓMEZ-MONT*

"Haber pasado por una experiencia traumática no es solamente un problema de quedarse atorado en el pasado, sino de no estar completamente vivo en el presente". Esta gran frase de uno de los gurús del psicotrauma, Bessel van del Kolk, nos ayuda a entender lo que causan las heridas de vivir una experiencia traumática en la vida de una persona.

Pero: ¿Qué es el trauma?

El trauma es la respuesta que tenemos ante una experiencia (o serie de experiencias) que consideramos, puede poner en peligro nuestra integridad física y/o mental o la de un ser querido. Una condición clave que hace que estos eventos sean traumáticos es que pueden abrumar la capacidad y recursos de una persona para sobrellevar o controlar la situación y provocar sentimientos intensos como miedo, terror, impotencia, desesperanza y desesperación.

Los síntomas más comunes del trauma son:

- Emociones negativas fuertes, incluso incontrolables, como ira, terror, desesperanza, tristeza, desesperación o impotencia.
- Conducta errática, desorganizada, hostil, recelosa o fría e insensible ante el ambiente.
- Recordatorios intermitentes o constantes del evento traumático (pesadillas o recuerdos incontrolables durante el día).
- Disminución o pérdida de la capacidad de concentración y razonamiento.
- Dificultad para relacionarse o vincularse con otros.

Estos son solo algunos de los síntomas que pueden presentarse, sin embargo, quisiera hacer énfasis en el último: dificultad para relacionarse o vincularse con otros. A lo largo de este libro doloroso, Saskia nos muestra las tristes cifras que se presentan en el tema de violencia sexual en nuestro país.

En la organización REINSERTA vemos estas dolorosas historias todos los días, y los datos son claros: en la mayoría de los casos los agresores son personas cercanas a los niños y niñas lo cual hace que el pedir ayuda o reportar el abuso sea sumamente difícil, y el mensaje que mandamos a esta población tan vulnerable es no confiar, lo cual les enseña que el mundo es un lugar tenebroso, en donde no estamos seguros y no hay que entablar vínculos emocionales, lo cual tiene grandes repercusiones y es parte del vivir en una sociedad muy dañada y dolorosa: la falta de poderse vincular entre nosotros, y en la mayoría de los casos esto viene por la exposición a situaciones adversas en la infancia, lo cual genera estos ciclos de violencia intergeneracional.

Uno de los ejemplos más claros que últimamente he visto de esto está relacionado con el último estudio de REINSERTA,"Exposición a la violencia en la infancia de personas privadas de la libertad" en donde se señala que 7 de 10 personas que están hoy en prisión vivieron al menos una experiencia traumática en la infancia. Necesitamos como sociedad tomar acción para poner fin a este doloroso ciclo de violencia que mencioné.

Para entender más sobre las generalidades del trauma me gustaría platicar sobre una imagen en donde se pueden ver las diferencias en el cerebro de un niño que ha tenido un desarrollo sin violencia en la infancia comparado con el de un niño expuesto a situaciones de abuso. El Centro de Desarrollo Infantil de la Universidad de Harvard ha estudiado por muchos años los efectos que las experiencias adversas tienen en el cerebro de las personas y en esta imagen de uno de sus estudios se ve la diferencia en el cerebro. Se aprecia con claridad cómo la exposición a la violencia dificulta significativamente a las personas que sufrieron el abuso a tener un desarrollo "normal" ya que su cerebro no cuenta con el mismo funcionamiento, en la imagen vemos a la derecha cómo el cerebro tiene mucho menos actividad cerebral, lo que lo imposibilita a tener las mismas capacidades de aprendizaje, conductas y formas de relacionarse. La falta de información y de una mirada en la que no se toma en cuenta el contexto de los niños, niñas y adolescentes nos lleva a ser un país en donde segregamos, etiquetamos, expulsamos, revictimizamos y dejamos de proteger a estos niños, quienes, en la mayoría de los casos, lo único que desean es sobrevivir, ser amados y protegidos.

Hay mucho que escribir para concientizar a la sociedad de la importancia de conocer los efectos del trauma en las personas, del trauma complejo y sus afectaciones en el cerebro y el cuerpo de los niños, niñas y adolescentes, lo cual repercute directamente en la sociedad, pero quisiera dejar en conclusión la importancia de relacionarnos a través del vínculo con otros, priorizando siempre la integridad física de los niños, niñas y adolescentes y reforzando que las instituciones no solamente puedan atender a esta población sino brindar una verdadera protección integral.

Para mejorar primero hay que visibilizar, los números en México sobre la violencia a los niños, niñas y adolescentes nos duelen a todos. Al leer este libro y conocer sobre los efectos del trauma nos damos cuenta que somos parte del cambio para ayudar a todos y todas las sobrevivientes de violencia a vivir, y no solamente a sobrevivir.

Bruce Perry sentencia de manera inobjetable: "El antídoto más poderoso ante el trauma es la sensación de seguridad y conexión". De allí la necesidad de crear una conciencia colectiva con el fin de ayudar, reflexionar sobre el daño en las personas y buscar formas para resolver las problemáticas.

# 3. CORRUPCIÓN DE MENORES

Desde que tengo uso de razón, tengo recuerdos del manejo de la culpa a través de la educación innata, prácticamente, a la que fui expuesta. No necesariamente porque en mi casa la religión o la pureza de la virginidad tuvieran algún tipo de peso, pero en mi cultura, en la televisión, en la escuela y en la casa de mis amigas, sí. Ir a la iglesia los domingos más como una tradición que como una creencia, es típico en mi país. La religión es algo que pocas veces nos cuestionamos y tiene un impacto bruto en nuestras vidas. Los domingos de *mea culpa, mea culpa, mea culpa,* sin saber siquiera lo que eso significaba es parte de ser mexicana. Se nos educa sobre el bien y el mal con consecuencias puntuales relacionadas con la culpa ante alguien que todo lo sabe y todo lo ve; no hay espacio alguno para nuestra privacidad. En mi país, la sexualidad es un pecado y así se encargan nuestras abuelitas de recordárnoslo mientras estamos creciendo: "Te van a salir pelos en la mano", "eso no es de señoritas", "ya nadie te va a respetar", "pareces prostituta vestida así", "vestida así nadie te va a tomar en serio", "se ve que esa niña no es de casa, mejor búscate otra", son frases prácticamente icónicas. Llevamos lo que interpretamos de la religión a lo cultural y esto llega a tener un impacto directo en cómo nos relacionamos en sociedad y en pareja.

Nuestro desarrollo natural, al cual se enfrentan nuestros cuerpos en la pre-pubertad y pubertad, es silenciado, satanizado de una manera inconsciente generando culpa. ¿Qué esta pasando con mi cuerpo y por qué me siento así? Es, sin duda, un cuestionamiento que todas y todos nos hemos hecho y pocas veces lo podemos expresar en la cultura en la cual vivimos.

En mi país, hablar de la sexualidad se considera impuro. De sexo y masturbación, olvídate, temas impensables y del diablo.

La ausencia de la educación sexual integral confronta las emociones y los impulsos naturales del cuerpo con falta de cultura y la culpa generada por una sociedad conservadora donde somos educados y educadas (especialmente) con la idea de que la sexualidad es únicamente para el matrimonio y con el objetivo de procrear bebés. Según cifras de la Organización para la Cooperación y Desarrollo Económico, México ocupa el primer lugar de mujeres embarazadas antes de los 19 años: 77 de cada 1000 niñas en México se embarazan durante la adolescencia. Hoy nuestros adolescentes están aprendiendo sobre masturbación, sexualidad y atracción física por medio del acceso rápido y directo al internet y especialmente a la pornografía. ¿Cómo no vamos a tener la cantidad de violencia sexual y feminicidios en nuestro país si nuestros niños, niñas y adolescentes aprenden de sexualidad con actores y actrices? Los fetiches más buscados en internet durante el 2022 fueron: “sexo anal”, “lésbico”, “hentai” y “sexo en grupo”. La edad promedio en la cual la juventud empieza a ver pornografía en México es de 11 años y su primer encuentro sexual es a los 15. Nuestra maestra principal en educación sexual, YouPorn, tiene 4 años para educar a nuestros niños y niñas en cómo desbaratar la sexualidad. Cosifican a la mujer humillándola y usándola y la niña aprende a que solamente con esa cosificación va a gustarle a un hombre. Nadie les dice lo contrario.

Las niñas y las mujeres en México son educadas consciente e inconscientemente todo el tiempo de que su valor existe por su apariencia. Que si buscan ser deseadas o consideradas por un hombre deben cerrar las piernas y opinar poco. Ellas saben muy bien, porque así se les ha dicho siempre, que una vez que la virginidad se va, ya no valen como mujeres. Al criminalizar la sexualidad, los grupos delictivos han encontrado un área de oportunidad para lucrar con ello. A las niñas y a las mujeres, especialmente, las violentan psicológicamente cuando están siendo abusadas y tratadas sexualmente, en su cabeza resuena la idea del "¿qué diran?", lo que las imposibilita a pedir ayuda.

"Si le dices a alguien lo que te estoy haciendo pensarán que eres una puta y jamás nadie te va a querer", es la frase común que usan los agresores con sus víctimas. Entendamos una cosa, esta frase no surgiría efecto alguno si no les hiciéramos creer a nuestras niñas y mujeres que, de alguna manera, el tratante, el agresor, tiene razón.

El propio silencio con el cual se nos educa es el arma letal para caer en manos de agresores y los agresores usan esa facilidad de silencio para agredir. En México, la violencia sexual es el delito con más impunidad y en 74% de los casos el agresor está dentro de la misma casa. La impunidad de la violencia sexual encuentra tierra fértil gracias a la culpa con la cual se nos educa —o no— en el manejo de la sexualidad.

En una conversación con, digámosle, Claudia podemos ver de manera muy clara esto: "Prefiero salirme de la escuela y cambiar completamente mi vida, que pensar siquiera en pedir ayuda". Escucharla fue desgarrador ya que hoy es la voz de miles de menores que sufren en silencio lo que les hemos enseñado a callar. Al escucharla pensaba en todas las víctimas con las cuales he trabajado y que han tenido que sufrir en silencio y cuando hablan. En la mayoría de los casos, no se les cree cuando gritan por ayuda. Escuchaba a Claudia y pensaba en Lorena, quien llegó al programa de Sobrevivientes de la fundación REINSERTA, recordando cuando se atrevió a alzar la voz con su abuelita y ésta, con su mamá, le recordó que esas cosas no se cuentan y que su deber como mujer era complacer al hombre. "Ellos tienen necesidades y son diferentes a nosotras. Yo lo tuve que vivir, tu mamá lo tuvo que vivir y ahora te toca a ti", le decían. El agresor de las tres había sido el mismo: su abuelo.

En el México de hoy es imperativo que llenemos de herramientas a nuestras niñas para que puedan saber que sus cuerpos no son cosas que sirven para darle placer a los hombres y que su sexualidad no le pertenece a nadie más que a ellas. Es crucial que hablemos de la sexualidad y el desarrollo de la adolescencia sin tabúes y con un concepto más a fondo que la mera educación sexual con fines reproductivos. México se ha vuelto tierra fértil para los agresores sexuales y proteger a nuestras niñas es nuestra obligación.

Hoy, 4 de cada 10 niñas en nuestro país van a sufrir algún tipo de violencia sexual antes de los 15 años.

México es el segundo lugar mundial de turismo sexual infantil. Somos el Bangkok de Latinoamérica. No solamente tenemos un índice alto (74.3% de las víctimas) de menores violentados sexualmente en sus propios hogares, sino que, diariamente, recibimos personas que vienen, principalmente, de Estados Unidos, Canadá, Alemania, Suiza e Italia y que saben que en México nuestro sistema de justicia penal está plagado de impunidad y que pueden venir a saciar sus necesidades en nuestro país sin que pase nada.

A continuación, leerán una entrevista con una sobreviviente. Le llamaremos Ana María para guardar su anonimato. Esta conversación no la pasé a una versión editada ya que fue una conversación muy valiosa para mí: de sobreviviente a sobreviviente. Tocamos temas de cómo sobrevivir. Sobrevivir la violencia sexual cuando eres menor de edad no tiene una fórmula, tampoco las cosas son todas blancas o todas negras. Quizá cuando lean a Ana María lleguen a pensar que ustedes lo hubieran hecho diferente, que quizá hubieran hablado antes o hubieran salido corriendo. Lo que les puedo decir es que una nunca sabe cómo va a reaccionar cuando está en esa situación. La cabeza y el cuerpo actúan de una manera muy especial: actúan para sobrevivir, y creo que eso fue lo que Ana María y yo hicimos.

## ANA MARÍA: NO SABÍA QUÉ ME ESTABA HACIENDO, DESPUÉS LO SUPE, ME ESTABA MASTURBANDO

**SASKIA: Ana, primero que nada, gracias por tu tiempo, sé que es un tema muy fuerte y difícil para ti, así que también quiero agradecerte por compartirnos tu caso. Me gustaría empezar por preguntar quién es Ana, platícame un poco de ti.**

*ANA: Claro, nada qué agradecer. Te platico, me llamo Ana María, en mi casa todos me dicen María, pero en mis redes pongo Ana, es como tener dos identidades, así lo quise. Con mi familia soy cariñosa, así me enseñaron, pero con la demás gente soy diferente, muy seria.*

*Tengo 29 años y me acabo de graduar de psicología, ya te imaginarás por qué. Actualmente estoy esperando que me llegue mi título para ejercer de psicóloga clínica. Primero salí como psicóloga general, pero estuve haciendo prácticas en una escuela primaria. No soy muy fan del psicoanálisis, pero la directora de la escuela donde hice mis prácticas me dijo: "Yo te puedo ayudar, yo soy psicoanalista, anímate". Después de un tiempo me di cuenta que lo que más me gusta es lo conductual, entonces me gustaría irme por ese ámbito. Es que lo conductual tiene más impacto, y es más rápida la especialidad.*

**Oye, ¿y tienes hermanos?**

*Sí, tengo 2 hermanas más grandes que yo, 3 años nos llevamos cada una, soy la más pequeña. Todas nacimos aquí en México, igual que mis papás.*

**Okey. ¿Por qué te graduaste a los 29 años?**

*Justamente por esta situación que pasó. Tenía mucho miedo de salir a la calle después de mi abuso, me recluí en mi casa por mucho tiempo. Como mis papás nunca se enteraron de esto, ya no quisieron pagarme la escuela, pensaban que era un capricho mío. Recuerdo que les dije que había quedado a deber materias en la prepa y ya no iba a volver; ellos se molestaron y me dijeron que si no quería estudiar, me metiera a trabajar y, cuando quisiera, me pagara yo sola mis estudios.*

**Regresemos un poquito. Hiciste la primaria, la secundaria sin problema. ¿Tuviste buenas calificaciones?**

*Sí, tuve una infancia normal, esto que me sucedió fue cuando acababa de cumplir 16. En ese tiempo era porrista, tenía una compañera que se llama Pilar, ahí mismo, en las porristas. No estábamos en el mismo salón, pero sí en el equipo. Nos hicimos muy unidas, yo le platicaba que quería ser cantante o actriz y ella también tenía ese sueño.*

*Un día me dijo que fuéramos de compras y por un café. Nos reunimos en una plaza comercial que está como a 10 o 15 minutos de mi casa. Llegando me dijo que la acompañara a cobrar un dinero que le debían. A esa edad yo trabajaba los fines de semana, entonces también tenía mi dinerito. Total que la acompañé.*

*No le hice muchas preguntas, no sabía bien en qué trabajaba ella, solo me dijo que era edecán. No se me hizo raro, era una chica muy bonita, alta y delgada. Me dijo que iba a pasar una persona por nosotras y nos iba a dar un ride*

*Llegó un señor de traje, muy formal, yo le calculo unos 26 años, cabello chino, hasta guapo, ¿no? Venía en una camioneta negra, blindada, grande y lujosa. Mi amiga se subió en la parte de adelante, yo atrás.*

**¿Te dijo quién era o nada?**

*No, no me dijo quién era. Me dijo que era su jefe, que le iba a dar el dinero que le debían del trabajo de edecán.*

*Cuando me subí, el ambiente dejó de ser amigable, ya no era de "me van a dar el ride y ya", no. Noté que mi amiga se puso muy tensa, volteó a verme y me pidió… más bien me ordenó que me acostara en el tapete mientras le daban el dinero. Ya desde ahí me di cuenta que no pintaba nada bien la cosa.*

*En ese entonces era muy inocente, no conocía la maldad, no veía en la tele películas que tuvieran que ver con violencia ni con prostitución, nada. Incluso puedo decir que era una persona bastante ingenua.*

**Cuando dices ingenua, ¿me puedes dar un poco de contexto? ¿Vienes de una familia tradicional, católica?**

*Sí, católicos, una familia donde no se hablaba de sexo, no se hablaba de absolutamente nada de eso, era una vergüenza para todos.*

*Bueno, me agaché y me acosté en el tapete de la camioneta, estaba muy chiquita en ese entonces, de estatura y de peso, entonces cabía perfectamente. Cerré los ojos y me quedé ahí alrededor de 20 minutos. Mis demás sentidos se agudizaron, escuchaba todo a mi alrededor, los pasos, los ruidos, todo. En eso escuché que le dijeron a mi amiga: SENCILLA.*

*Mi primer pensamiento fue: "Fueron por unas hamburguesas y están pidiendo una SENCILLA". Y ya, no sé qué pasó, entramos a una cochera y escuché nuevamente la voz que me preguntaba si me podía parar y salir de la camioneta, le dije que sí y salí con la cabeza agachada. Cuando me incorporé me llevaron a un cuarto, subimos unas escaleras y entramos a una recámara; mi primer pensamiento fue que era una casa, años después, en terapia, me enteré de que era un motel, pero yo no sabía, inclusó me pareció muy raro que el baño no tenía puerta, o sea, era transparente, jamás había visto un baño con puerta transparente.*

**Por la situación, ¿pensabas que te estaban secuestrando o qué pasaba por tu mente?**

*Exacto, no sabía exactamente qué estaba pasando. Lo único que pensé fue que me estaban secuestrando.*

*Volteé a ver a esta persona que nos recogió en la camioneta, él estaba de traje y, cuando se quitó el saco, vi que traía una pistola. Me espanté mucho, entendí que él quería intimidarme, fua cuando decidí que iba a hacer lo que ellos me pidieran.*

*Fue muy duro, tenía 16 años, era porrista, tenía mi propio dinerito, estaba viviendo mi mejor momento, me sentía muy feliz y no quería que me desgraciaran la vida…*

**En todo ese tiempo, ¿no preguntaste ni dijiste nada? Tu reacción fue…**

*No, no decía nada, lo que ellos decían, hacía. De vez en cuando volteaba a ver a mi "amiga" Inés, la veía como diciéndole: "¿Por qué me estás haciendo esto? Se supone que somos amigas", pero no decía nada.*

*Ella se quitó la ropa, quedó en pura ropa interior, me dijo: "Ahorita te explicamos, nada más necesitamos que veas". Le empezaron a tomar fotos medio sexys.*

*Después me dieron un legajo con 2 hojas, me dijeron que las leyera y firmara. En esas hojas venían muchas cosas, pero, básicamente, lo que decía era que me iban a pagar mil o mil 500, no me acuerdo muy bien, por hora, por cliente. No se aceptaban personas negras, literal decía "negras", no se aceptaba gente bronceada, con celulitis ni con estrías, y que no podías depilarte ninguna zona, ellos tenían gente para que se encargara de eso.*

*Al leer eso me di cuenta de lo que querían hacer conmigo. Todo esto pasó como en cámara lenta y rápida, mi cabeza iba a mil por hora, tenía que pensar qué iba a hacer y qué decisiones tomar; al mismo tiempo, todo pasó lento porque yo pensé que me habían secuestrado 8 horas y no, fueron solo 2.*

*Bueno, leí el "contrato" y vi que estas personas, los clientes, eran extranjeros, que venían de otros países y que algunos ni siquiera hablaban el idioma, pero saben a lo que vienen, y tú sabes a lo que vas. Leí que eran personas que vienen por 2 o 3 días en busca de compañía, a veces es compañía de plática, a veces es de masajes o a veces de tener relaciones sexuales.*

*Cuando terminé de leer me preguntaron qué me parecía; yo tenía miedo de decir que no, que no me parecía, entonces les dije: "Pues, suena interesante, pero me preocupa que mis papás se enteren". Me dijeron que todo eso ya estaba pensado, que los clientes eran en la mañana, la máxima cita sería a las 15:00 o 16:00 horas, en la tarde y que ellos me iban a dar el dinero como yo quisiera. "Te damos el efectivo por cada cliente que tengas por hora o como Pily, ella se tomó estas fotos que van para periódicos de otros lados". No sé si has visto, Saskia, por ejemplo, en el* Metro *(periódico), que a veces vienen chicas posando en bikini, haz de cuenta lo mismo, solo que las publicaban en otros países, esta explicación me la dieron ellos.*

*Me dijeron que por cada foto publicada me iban a dar 15 mil pesos, explicaron que tenían 20 o 25 locales de lotería, de rasca y gana, de caritas y de todos esos juegos de suerte. Que el pago se hacía así: una vez que hiciera el servicio, iba a comprar uno de estos boletos y días después ellos me iban a marcar diciendo que había ganado "x" cantidad, dependiendo del trabajo. De esta forma, mis papás no iban a sospechar nada, incluso podía ir con ellos a recoger el dinero al local y como si nada. Yo pensé: "Ahora, ¿cómo les digo que no?, si ya me están solucionando mi problema de que mis papás no se van a enterar". Se me ocurrió decirles que no podía porque ya tenía un trabajo, ellos me preguntaron cuánto ganaba y me hicieron ver que la diferencia era enorme, yo ganaba 240 pesos por día en fines de semana, y ellos me pagaban de mil a mil 500 por hora.*

*Después de un rato les dije que lo iba a pensar, se me estaban acabando las excusas. Me dijeron que estaba bien, que le diera vuelta a la última hoja y firmara.*

*Yo era muy ignorante, no sabía que no podía firmar algo porque ni siquiera era mayor de edad, pero me estaban presionando, tenían un arma y por eso firmé. Recordé que esta chica, Inés, no estaba en mi salón, no sabía mi nombre completo, entonces firmé Ana María y puse otro apellido, no me acuerdo.*

*Ellos me engancharon con eso y me empezaron a decir cómo se debían hacer las cosas. Le dijeron a Inés que diera la demostración, hicieron que se quitara la ropa por completo, ella le empezó a dar masajes a la persona de traje, solo masaje. Después me ordenaron que me quitara la ropa y empezaron a tocarme, pero no morboso, como que viendo que todo estuviera en su lugar, que no tuviera estrías; ah, porque yo tengo piernas de fresa, que son los puntitos. Me dijeron que tenían un médico que hacía un procedimiento para que mis piernas no se vieran así.*

*Me tocaron toda, bueno, él, me tocó toda, yo no sabía qué me estaba haciendo, después lo supe, él me estaba masturbando o intentando lubricar. Y me dolía, porque yo jamás me había masturbado ni me había tocado ni nada. Entonces me lastimó un poco porque no me sentía lubricada. Luego él se quitó la ropa y fue cuando dije: "Me van a violar".*

*Yo pensaba: "entiendo que él quiera verme y que me quiera tocar, porque me está platicando que necesito estar de una manera para entrar al negocio. Pero, ¿por qué violarme?" Pensé en cómo podía evitarlo, pero no encontraba la manera. Jamás había visto a un hombre desnudo, en mi vida, ni en los libros. Se quitó la ropa y le ordenó a Inés que le hiciera sexo oral. Ella lo hizo y mi primer pensamiento fue: "¡Qué asco!, es por donde hace pipí, yo no voy a hacer eso!" Porque yo no sabía lo que era el sexo oral, así de inocente era.*

*No sé si vieron mi cara de asco o qué, pero sospeché que la siguiente iba a ser yo, entonces, para salir de la situación, les dije que tenía ganas de ir al baño, pensaba que, a lo mejor, si les decía que iba a hacer popo, les iba a dar asco. Primero me dijeron que hiciera ahí en el cuarto, pero contesté que no podía porque la puerta era transparente, que necesitaba que se salieran. Se salieron y yo fingí que hacía del baño, obviamente no hice nada, me esperé un tiempo y ellos entraron de nuevo.*

*No pude evitar lo que sucedió, esta persona me dijo que ahora seguía yo, que le hiciera sexo oral. Yo en todo momento estuve buscando la manera de salvarme, ya de por sí es traumático el... hacerlo, pues más bajo esa situación. Trataba de evitar a toda costa eso y le dije: "Está bien. Pero, ¿sabes, qué pasa? Que me acaban de hacer un procedimiento dental porque traigo una infección en la muela y no sé si se te vaya a infectar ahí". ¡ME LA JUGUÉ! Y se la creyó, o no sé qué habrá pasado, pero me dijo: "Está bien, entonces hazlo con la mano". Pensé en decirle que me dolía la muñeca, pero no podía postergarlo más, no se me ocurrió otra cosa.*

**Oye y, regresando rápidamente al momento en que conoces a esta persona, ¿en ningún momento te dijo Inés que éste era un güey que te podía acercar al mundo de la farándula o que te podía hacer famosa? O sea, no hizo nada para convencerte de subir a la camioneta...**

*No, eso vino después.*

**Ok...**

*Lo masturbé, yo no sabía cómo era, él me enseñó. Cuando "terminó" me dijo que ése era un servicio de 15-20 minutos, era lo mínimo en cuanto a tiempo por cliente.*

*Despúes me preguntaron a qué universidad me quería meter, dijeron que ellos tenían contacto con todas, que no era necesario que yo hiciera examen, nada más tenía que hacer el puro trámite, pero que yo entraba por default. Ahí es donde me dijeron que si yo quería cantar o quería ser actriz, ellos tenían contactos.*

*Esta chica (Inés), tiempo después salió en una película de extra, cuando la vi me dieron nauseas, entre los amiguitos que tenemos en común me dijeron: "¿Viste que Inés salió en esta película?", y yo pensando ¿a qué costo? Bueno, en fin, me dijeron que tenían contactos con las televisoras, con las universidades, hasta con hospitales; porque ésta es otra cosa, me decían que cada mes o cada 2 meses tenían que hacerme exámenes médicos.*

*Total que pasaron unos minutos y me dijeron que me vistiera y que, si me quería bañar, ahí tenía la regadera. No quise bañarme, me vestí lo más rápido que pude.*

**Eso fue después de que lo masturbaras, ¿no te violó?**

*No, no me violó.*

**¿Te preguntó si eras virgen?**

*No, pero creo que ya sabía, porque platicando con Inés, ella me preguntó, salió el tema en esas pláticas de adolescentes, y yo le dije que nunca había tenido relaciones.*

*Salimos de la habitación y me ordenaron que me subiera a la camioneta y me pusiera otra vez en el tapete, que cerrara los ojos. Cuando salimos de ahí y me pude levantar, me dieron un sobre con dinero. No vi cuánto era, ni lo conté, nada más lo guardé. Nos llevaron de regresó a la plaza comercial y se fueron.*

*En ese momento me puse en el papel de: voy a hacer lo que planeábamos hacer y me largo, o sea, fui con Inés a la plaza comercial, yo estaba temblando, ahorita te lo estoy platicando y revivo un poquito eso. Fuimos de compras, por un café y después nos dimos nuestras vueltas, me regresé en camión y ella se fue a su casa.*

*Después de eso la amistad con Inés se rompió, al ver qué era lo que estaba haciendo, las personas con las que se involucraba, gente importante, empresarios que venían a México 2-3 días y que se iban; decidí alejarme de ella, no quería involucrarme más con ese mundo.*

*Le pregunté a una señora dónde podía ir a denunciar que me habían robado, porque me daba vergüenza decir: "Me secuestraron, me metieron…", porque me metió el dedo tratando de lubricarme. No quería decir eso, me daba mucha vergüenza y tenía miedo. La señora me dijo que fuera a un Centro de Denuncia, me subí a un taxi y le dije al señor que me llevara a uno, porque yo ni siquiera sabía dónde estaban. Llegué y no sabía ni qué hacer, me quedé ahí parada y le dije a una chica que quería hacer una denuncia, que me habían robado; porque, volvemos a lo mismo, me daba vergüenza. Me dijo que tomara asiento y esperé ahí 1 hora, 2 horas, 3 horas, entonces le pregunté a una señora que estaba al lado: "Disculpe, ¿cuánto tiempo tiene usted aquí?", me dijo: "Uy, yo ya llevo como 5, pero ya mero me atienden". Y yo pensé: "Mmmta, todavía me faltan más tiempo". Comencé a platicar con la señora, le pregunté si podía hacer una denuncia siendo menor de edad y ella me dijo que no, que necesitaba venir mi mamá. En ese momento salí, casi corriendo, del Centro, no podía ni imaginar que mi mamá se enterara, no lo podía permitir, porque ir a denunciar requería dar mis datos, mi nombre, tomar mis huellas, y no, ¡olvídate! Fue por eso que decidí no denunciar.*

*Regresé a mi casa y en el camino vi a una señora pidiendo limosna, siempre estaba afuera de una tiendita con sus 2 niños, uno era un bebé, a ella le di el sobre con dinero.*

*Ellos tenían mi número de teléfono, me lo pidieron y me marcaron en ese momento para confirmar que sí era mi número y que no les estaba dando otro, me estuvieron marcando por un tiempo. Quería comprarme otro chip y cambiar de número, pero no tenía dinero, tuve que esperarme a la quincena para comprar otro, pero en todo ese tiempo me estuvieron amenazando para que no dijera nada de lo que había visto y hecho. Me tenían vigilada y... (HACE UNA PAUSA) ... perdóname, pensé que ya podía platicarlo más.*

**No, no. Tómate tu tiempo, tranquila.**

*Sabían dónde vivía y me amenazaron para que no dijera nada. Dijeron que no me iba a pasar nada siempre y cuando no fuera a denunciar. Estaba aterrada porque en el Centro había dado mi nombre y me tomaron las huellas, yo pensaba que eso ya contaba como denuncia, entonces solo esperaba el momento en el que me hiceran algo a mí o a mi familia. Fue ahí cuando dejé la escuela, les dije a mis papás que había reprobado y que ya no pagaran el semestre. Decidí ya no tener contacto con la gente con la que me relacionaba, con las porristas y mis amigos de la escuela. Esta chica (Inés), me bloqueó de Facebook; porque yo le quería decir que no iba a decir nada, pero, que por favor me dejaran vivir en paz, pero me bloqueó y fue lo último que supe de ella.*

*Hace 2 años me mandó un mensaje una amiga que teníamos en común, ya tenía más de 10 años que no sabía de ella, me dijo que se había reunido con Inés y que me mandaba saludos. Ya no le contesté, no quise saber más. Sé cuál es su Facebook, sé cuál es su Tik tok, pero en terapia lo hablé muchas veces y no es correcto estar viendo eso, porque yo me obsesioné. Pensaba en cuántas personas más había involucrado, porque supe que si tú referías a una chica y esa chica entraba, te daban 10 mil pesos. Y yo le pregunté a ella...*

**¿Te dijeron alguna vez si todas eran menores de edad?**

*No, eso fue hasta después, porque me obsesioné tanto de que no me hicieran daño, no dejaba de pensar en cuántas chicas llevaban, quiénes sí aceptaban, quiénes no. A Inés le daban diez mil o quince mil por persona que entrara y ella llevaba 8…*

**¿Cómo te enteraste de eso?**

*Porque ella me dijo. Le pregunté que por qué me había hecho eso, qué le hacía pensar que yo iba a entrarle; ella me contestó que teníamos muchas cosas en común, no perdía nada en intentarlo, "además", me dijo "ya llevo unas 8 o 9".*

*También encontré el Facebook de esta persona que se llamaba Daniel, nada más estaba así en su Facebook: Daniel. Te estoy hablando de cuando yo tenía 16, hace más de 10 años, no había esta privacidad de ahora, podías ver todo lo que estaba en el perfil de alguien aunque no fueras su amigo. Y en el perfil de esta persona venían muchas chavas, "Hola, ya te mandé inbox, por favor contéstame", también: "Oye, estoy disponible el día de hoy de 3 a 5". Creo que me metí como a 50 perfiles, y eran chavas de 12 a 16-17, veía que estaban en la secundaria, o sea, veía fotillos de su uniforme, no había manera de que fueran mayores de edad.*

*Después que tomé terapia, porque yo busqué ayuda por mi cuenta, caí en cuenta de todo. Que me llevaron a un hotel, que lo de "sencilla" era una habitación, no era una hamburguesa, etcétera. Y también porque yo se lo platiqué a mi hermana, ahorita ella es fiscal en la Fiscalía, válgame la redundancia, se lo platiqué como si le hubiera pasado a una amiguita, me dijo que es más normal de lo que uno pensaría, pero que no mucha gente lo habla por las mismas razones que no habla mi mamá conmigo de la sexualidad, etcétera. No se sabe cómo hablar de esos temas con los hijos. Y bueno, ahí fue lo último que supe de esta chica que me mandó saludos hace 2 años con otra persona, pero sí, eran todas menores de edad.*

**Qué fuerte. ¿Supiste si alguna vez detuvieron a este güey?**

*No, nunca supe nada porque mi psicóloga me dijo que no era sano estar revisando el perfil de esta persona para ver si seguía activo, para ver si había chicas; entonces así lo decidí, así lo decidimos en conjunto de ya no estar revisando ni monitoreando qué hacen, por mi seguridad.*

**¿Algún día le contaste a tu mamá?**

*No, hasta la fecha no saben. Pienso que si ya no hay nada qué hacer, entonces para qué preocuparnos. Yo no tengo hijos, pero si los tuviera creo que sería…, lo peor que le pueden hacer a tu hija es esto, entonces…*

**¿Te digo una cosa? Yo también soy sobreviviente de violencia sexual en la infancia y tenía la misma sensación que tú acerca de mis papás. ¿Por qué los lastimo con esta información?, ¿qué caso tiene ahorita? Pero, no sabes lo terapéutico que es decirles, ya desde un lugar de fortaleza: "Yo lo pasé, ya lo superé y estoy bien". ¿No? Esto se vuelve parte de tu historia, y externarlo y contarlo, no esconderlo, te ayuda a superarlo. No sé si me explico. Yo soy columnista en *El Universal* desde hace años y, siempre, en el Día internacional contra el abuso sexual infantil, quería escribirle a mi agresor una columna, una carta, pero tenía miedo de que mis papás lo leyeran. Y aunque ellos ya sabían, por "x" o "y" razón, nunca se había hablado de eso; entonces, algo que me ha dado el contar mi historia es la sensación de, si me acepto como una sobreviviente, no tengo por qué escondérselo a nadie ni tener miedo o pena. Yo no escogí hacerlo, yo no**

**escogí que se me pusiera en esa situación. Y tampoco es culpa de mis papás, porque es un error pensar que lo que pasó es culpa de tus papás, que tus papás te descuidaron, y *cero*. Esto le pudo haber pasado a cualquiera y es importante que, al asumirme como sobreviviente, entienda que esto es parte de mi historia, yo sobreviví y eso me hace más fuerte y no tengo por qué escondérselo a nadie. Y el que yo pueda estar aquí hablando de esto, me empodera. Y entiendo que no estés lista, sé que vamos a tener que cambiar nombres, hechos, lo que tú necesites para estar segura...**

*Justo no estoy en mi casa por esa razón, donde mi mamá me escuche que estoy platicando esto, se infarta, entonces me vine a casa de mi hermana. Y eso también es feo, porque a veces me hacen el comentario de: "Mari, la burrita", porque no pasé la escuela, pero no saben el verdadero motivo.*

**Eso es lo que está cabrón, no es que no hayas pasado la escuela, te pasó esta cosa horrible, porque es horrible lo que viviste, y perdón que te lo diga así Ana, pero estás viva de milagro, ¿sabes? Porque hay mucha gente que no sale y no la cuenta. Y eso te hace aún más fuerte, es todo un proceso terapéutico y créeme que yo te entiendo perfecto, yo me tardé años en enfrentarlo; por ejemplo, la columna dedicada a mi agresor me tardé 5 años en escribirla. Todos los años decía: "Este año sí", luego no, luego lo posponía al siguiente, luego al otro...**

*¿Y qué hubo diferente para que te decidieras a hacerlo?, ¿qué te pasó para que tú dijeras: "Ya lo voy a hacer y se lo voy a platicar a ellos"?*

**Quizá ya estaba lista y quizá dije: "Sí, ahora". También pensé en que mi historia puede ayudar a más mujeres y**

**hoy mi historia puede posicionar una realidad, porque el problema del abuso sexual, no nada más infantil, pero el abuso sexual general es que lo callamos; de hecho, el abuso sexual infantil es el delito menos perseguido. El 99.9% de los casos no se denuncian. Es el delito con más cifra negra en México y es por lo mismo, por la vergüenza, por el "qué van a decir", porque aparte nos educan bajo un esquema cultural machista religioso, eso te hace sentir peor. Pero yo hoy, y no es que sea tema de conversación en mi casa y no es que ande por la vida diciéndolo, sí llego a decir "como sobreviviente de..." o llego a decir "por lo que me pasó...", como que empiezas a hacer paz con tu propia historia. Tú, por ejemplo, vas a ver que en el momento en que lo externes, y si quieres habla esto con tu terapeuta, en el momento en que tú lo externes, seguro la manera en la que te vas a integrar en tu entorno al ya no ser "Ana, la que no pudo pasar la preparatoria", sino "Ana, la sobreviviente", eso te cambiará la vida.**

**Te voy a dar un ejemplo, a mí me costaba mucho la intimidad sexual, y yo sabía que era por lo que me había pasado, una parte de mí lo sabía, y tuve algún maestro en la IBERO que también era sobreviviente de violencia sexual en la infancia y me habló y me identifiqué muchísimo con él, porque él tenía los mismos problemas que yo en la intimidad; al principio, yo me culpaba frente a mis parejas, pensaba: "¿Por qué no estoy siendo normal?, ¿por qué me está pasando esto?", etcétera. Y cuando lo externé, mi vida cambió, hoy, con mi novia, Mariel, disfruto de mi sexualidad y mi intimidad, ahora puedo ser quien en realidad soy, mi vida ya no le pertenece a mi agresor, o sea, esa consecuencia en mi vida no le pertenece a él. Es mi historia y me pertenece a mí.**

**Personalmente, me gusta mucho el concepto de "sobreviviente", porque "víctima" es como si tú hubieras escogido ser algo que no escogiste ser, a ti nadie te**

**preguntó si querías que te pasara lo que te pasó, pero tú sí decides sobrevivir, tú decidiste salir adelante, tú decidiste estar hoy parada y haber estudiado una carrera y seguir con tu vida.**

**Para nada quiero que sientas que te estoy empujando a que lo digas. Solo te comparto mi experiencia, a MÍ me funcionó muchísimo para encontrarme internamente y sanar las heridas. También tiene mucho que ver cómo lo externas a tus papás, a lo mejor decirles: "Esto me pasó, estoy bien y es una parte muy importante en mi vida que quiero compartirles, no quiero que se asusten, no quiero que crean por un segundo que esto es culpa de ustedes, esto es algo que pasa en México muchísimo y cualquiera podemos ser víctimas de este delito", funciona bien.**

*Pasa más de lo que uno cree. Yo pensaba que esto pasaba en Estados Unidos nada más, pero a mí me pasó en mi ciudad, cerca de mi casa. Y cuando voy a las plazas comerciales es siempre lo mismo, ver un local donde venden "rasca y gana" y de inmediato pensar que, a lo mejor, hay una chica ahí involucrada, me duele mucho que la esté pasando mal, porque a lo mejor ella está ahí a la fuerza. A lo mejor es una menor de edad, no lo sé.*

*Fíjate que ahorita que me dices que tú platicaste lo que te pasó y eso te ayudó, me puse a pensar muchas cosas. Cuando yo te conté mi historia por Instagram y me contactaste, pensé que esta era una manera de abordar mi situación; no sabía todavía que planeabas hacer un libro, pero pensé que sería una buena forma de abordar la conversación con mi mamá, porque yo le he puesto tus videos, me imaginé decirle algo como: "Oye, mami, ¿te acuerdas de Saskia? Fíjate que me contactó porque yo le platiqué algo que me sucedió y...", ¿me explico?, írselo diciendo poco a poco, no nada más llegar y decirle: "Tenemos que hablar, fíjate que hace muchos años...", sino que irlo platicando lento para que lo digiera.*

**Otra cosa que podrías hacer es decirle que hablaste conmigo, que yo pasé por algo similar y que a través de mi testimonio pudiste abrirte a platicarlo con ellos y con los demás. Explicarles que no vas a hablar públicamente con tu nombre y apellido, no, porque aquí podemos cambiar tu nombre, podemos no usar tu historia, podemos cambiar el Estado, no porque hoy hayas platicado conmigo quiere decir que vas a salir a decir absolutamente todo, quiero que te sientas tranquila en ese aspecto. Puedes hablar con tus papás de la terapia que has tomado todos estos años, estoy dando un ejemplo nada más, hablar de cómo te ayudó y te inspiró a querer participar en este proyecto, porque hoy sé que estamos ante un México donde hay mucha violencia para las niñas, donde hay mucha violencia sexual en general. Incluso decir: "Probablemente no voy a usar mi nombre verdadero, pero igual quiero que Saskia publique ese libro con mi historia, que por lo menos ustedes sepan que esa Daniela o esa Fernanda o esa Julieta que está en ese libro, realmente soy yo. Y nadie más lo va a saber, mañana no voy a ser Ana María la que contó su testimonio y todo mundo va a estar en la calle hablando sobre mí". No sé, habla con tu terapeuta, tampoco quiero hablar de más en el aspecto de respetar tus procesos; pero siento que por algo me escribiste y por algo estamos hoy aquí platicando, y si yo te puedo compartir eso de mi historia, te lo regalo. Porque yo sí soy un antes y un después de hablar con mis papás y de ya no tener miedo, porque también el decirlo me quitó una culpa. Porque yo me sentía culpable de ocultarles lo que pasó, según yo los estaba cuidando y, realmente, de lo que tenía miedo era de contarlo.**

*Y también, bueno, va a sonar muy egoísta a lo mejor lo que te voy a decir, pero también me beneficiaría que ya no se estén burlando, porque no me causa gracia que me digan "Ana, la burrita", o que me digan:*

*"Wow, estás becada en psicología y no pudiste con la prepa". No les hace clic, porque me gradué con buenas calificaciones, empecé la maestría, no la pude terminar por temas económicos, pero la pienso retomar, y ellos no pueden creer que yo esté estudiando y que me lo haya pagado, no sé qué concepto tengan de mí inteligentemente. En mi mente era una frustración cuando algún novio iba conmigo y hacían el comentario burlón de: "Ay, Ana ¿sí te platicó que no terminó la escuela?" Y a un ex novio se lo llegué a platicar, porque teníamos problemas en temas sexuales, se lo tuve que platicar, no había manera que no se enterara. Y esa persona, cuando mi mamá hizo el comentario de "yo, la burrita", él como que me decía: "Diles lo que te pasó, no es justo que se estén burlando por algo que no deberían estarse burlando".*

**Claro que no deberían burlarse, porque es recordarte constantemente este episodio en tu vida, es como meterle limón a una herida de algo que tú ni siquiera tuviste la culpa.**

*Sí, por eso te contacté. No quiero llegar a asustarlos contándoles todo de golpe, sino que ir platicando poco a poco. Digo, ahorita me quebré un poco porque reviví..., no lo había platicado en 13 años, no estoy pensando diario en eso. Veo mucho un programa que se llama* Sobreviví *o* I survived, *de Estados Unidos, y siempre la última pregunta es: "¿Tú, por qué crees que haya sobrevivido?" Y ellos platican el porqué.*

*Y cada vez que veo ese programa, me hago esa pregunta y me siento como en el programa: ¿Yo, por qué sobreviví? Porque todo el tiempo estuve pensando en cómo hacerle para que no me violaran: "Le voy a decir que voy a ir al baño, que tengo lo de la muela...". No sé ni cómo se me ocurrieron, salió mi instinto de supervivencia, una adrenalina que jamás había sentido, una adrenalina de ver una pistola, que me hayan tenido encerrada, etcétera. Entonces, siempre que veo ese programa es esa pregunta al final, "¿Por qué crees que he sobrevivido?", y yo en mi cabeza contesto: "Porque yo me sentía muy feliz, era el mejor momento de mi vida, mis 16 años". Y yo no iba a permitir que me quitaran eso, no me iban a quitar mi felicidad y mi juventud, por eso quise sobrevivir. Porque yo estaba contenta de estar viva, de estar disfrutando lo que estaba viviendo.*

*Voy a tocar el tema con mi terapeuta, es un buen comienzo platicarle el por qué ahora los estoy contando. No nada más porque me decidí de la nada, pensé que esto iba a servir de base para, en algún momento, platicar con mi familia y sentirme mejor, ya no quiero que se burlen de mí.*

**Pues me encanta, eres una valiente. Eres brutal. Y si yo te puedo ayudar en algo en este proceso, cuenta conmigo, por favor.**

*Nada más tengo una pregunta, porque yo viví muchos años con miedo y quiero preguntarte cómo le haces para que no te den miedo las cosas que haces, las cosas que dices públicamente. Porque el que me hayan hablado y amenazado me traumó; en parte, por eso me callé tantos años. Y no me imagino tener una plataforma de YouTube, de redes sociales, y decir las cosas que dices, como lo que sucedió con el bebecito de Puebla, ¿no te da miedo? ¿Cómo le haces para no tener miedo y hablar las cosas como son?*

**¿Cómo te explico? Hay que medir, ser bien cuidadosa con lo que hago, no saco nombres por sacar nombres o no armo pedo por armar pedo. Pero mi cabeza siempre está pensando en eso, todo el tiempo.**

*O sea, lo dices, pero limitado, sin nombres, sin marcas. Pero, las cosas se dicen tal cual y pasan.*

**Lo que más rescato es toda esa ausencia de conocimiento que tú tenías y que ahora estás compartiendo para evitar que más personas pasen por lo que pasaste, eso es ORO para las niñas que están en la misma situación que tú y que no tienen la información. Entonces yo rescato eso y es lo que tengo que publicar en el libro.**

*Me encanta. Que se diga, pero no se diga.*

**¡Claro! Y hay que saber qué decir, cuándo y dónde decirlo. Si logramos esto, vamos a ayudar a muchas más mujeres como tú. Y nadie tuvo que saber tu nombre y nadie tuvo que saber dónde vienes y lo que te pasó, nadie tuvo que saber el nombre de Inés, ni nadie tuvo que saber el nombre de Daniel. Se hace un cambio sin poner en riesgo a nadie.**

*Pues ya, ahí está la respuesta. Me agrada y me siento más tranquila, y no lo digo por mí, de verdad, yo ya vivo tranquila. Esos años en que me molestaron se quedaron atrás, cambié el chip.*

*Me preguntaba el porqué de las cosas que dices o haces, y ahora lo entiendo, a final de cuentas queremos que la gente sepa que estas cosas suceden diario, un chingo de veces, en todos lados, en todo el mundo, pero sin arriesgar a nadie.*

**Y arriesgarte a ti ¿no? Ana, piensa cómo te puedo ayudar, piensa qué vas a hacer, qué quieres hacer, qué necesitas hacer…**

*Eso, lo que te platiqué, me gustaría…, no quisiera adelantarles de que un libro ni nada, porque no sé, como tú bien me acabas de decir, no sabes cómo lo vas a poner ni cómo se va a armar. Pero lo que sí sé, es que quiero abordarlo de esta manera, porque mis papás no saben de Instagram ni nada, así que me gustaría contarles que tú publicaste algo y que yo te mandé un mensajito, me contestaste, te compartí mi historia, fue hace muchos años, no fue culpa de nadie, simplemente esto sucede. Manejarlo así, como tú me dices, hacerles saber que no fue por un descuido de ellos de que me dejaron ir al…, tenía 16 años, yo salía con quien quisiera y tenía mi propio dinero, no fue culpa mía ni de nadie, ni siquiera de Inés.*

*¿Te cuento una pequeña venganza que hice?, no me siento orgullosa de eso, pero en mi mente de adolescente me confortaba. Me metía mucho a un chat de internet que se llamaba chat.com/chat, donde había muchas pestañitas de "menores de 14 años, mayores de 18, España, México…". Yo me metía y, como tenía el número de teléfono de ella (Inés), escribía: "Mándenme fotos a este número, estoy caliente". Lo publiqué en no sé cuántas páginas. Pensaba: "Mínimo que la estén molestando como me están molestando a mí". Ya había cambiado el chip, obviamente, pero necesitaba hacer algo, sacar mi coraje de alguna forma.*

*Otra cosa que pasó en ese chat fue que me hice "amiga" de una persona, teníamos mucho tiempo platicando, como 6 meses, según tenía 13 años y yo, según, tenía 12. Un día me dijo que nos conociéramos, pero me dio miedo, ¡imagínate que sea un señor!, porque no había fotos, eran puros mensajes. Le dije a una amiguita que me acompañara, en este tiempo no había celulares, entonces esta persona me dijo cómo iba a ir vestido y yo le dije cómo iba a ir vestida, nos quedamos de ver en una plaza. Llegué 1 hora antes y cuando lo vi, ¡era un señor de 50 años!, yo le calculaba eso, lo vi y me asusté, me había engañado. Mi amiguita me dijo que nos fuéramos y salimos corriendo; la persona ésta me reconoció y fue detrás de mí: "¿Eres Ana?" "¡No!", y me fui corriendo, no sé cómo no me atropellaron. Entonces me di cuenta que hay personas pedófilas en esas páginas, por eso nunca, incluso en la actualidad, abrí Tinder o páginas para conocer gente, no es correcto, no es confiable.*

**Claro. Está bien, hiciste lo que tuviste que hacer para estar bien. Insisto, sobreviviste. Sobreviviste, literal.**

*La verdad, me siento más tranquila después de hablar contigo, de platicar esto y que también me hayas dado esos tips, porque nadie te los da, nadie te platica su historia, y si te la llegan a platicar, no hablan con la verdad.*

**Y, ¿sabes una cosa? Si te sirve de algo, mi columna se publicó como el 21 de noviembre. Justo antes, días antes, nos habíamos ido de viaje a Europa con mi familia, mis papás, mis hermanos y yo estábamos en Holanda. Y yo decía: "Güey, ya les tengo que decir, esto se va a publicar pronto", pero no podía, me ganaba la emoción de decirlo. Y una amiga me ayudó a entender que hay muchas maneras de decir las cosas y ninguna está mal.**

**El día que me subí al avión para regresar a México, fue el día que se publicaba mi columna, yo salí a las 11:00 de la noche de Holanda, las 5:00 de la tarde de México, yo iba a estar volando en la madrugada y cuando aterrizara a las 5:30 de la mañana en México, más o menos, ya iba a estar la columna en *El Universal* publicada. Lo que hice fue: me subí al avión y les escribí un mensaje: "Quiero que sepan que mañana va a salir publicado esto... Y antes de que lo lean, quiero que sepan que estoy bien, que los amo, que llevo muchos años trabajando el tema en terapia, que no es culpa de nadie, que somos muchas las mujeres que hemos pasado y sobrevivido a esto, perdón que no se los dije estos días, pero no quise arruinar el momento, porque esto, repito, no es algo para arruinar nada, sigo siendo la misma mujer, sigo siendo la misma Saskia que he sido. El día que quieran, lo podemos platicar con todo el gusto y sin ningún tipo de tabú". PUM, apagué mi celular y despegué. Aterricé 11 horas después.**

**En cuanto prendí mi teléfono vi que tenía mensajes de mis papás, de mi hermana, de mi hermano por aparte, mensajes de: "Te amo", mi hermano nada más me puso: "Te amo muchísimo", mi mamá me puso: "Lamento muchísimo y me duele en el alma que hayas vivido esto, pero aquí estoy para ti. Mi amor, me hubiera encantado saber...", mi papá: "Me hubiera encantado saber antes y manejar las cosas, pero entiendo, eres una valiente, te admiro, te respeto...". Y ahí está, nunca se habló en persona, pero yo lo trabajé en terapia y entendí que cada quien lo hace a su manera.**

*Lo voy a pensar, porque sí, de que lo voy a decir, lo voy a decir. A lo mejor todavía no sé cómo, pero definitivamente es algo que tengo que hacer. Y más porque me siento mal, es algo que me pesa. Cuando atiendo a mis pacientes es algo que todavía me cuesta platicar, a veces no me siento yo...*

**Eso es lo que te digo, no terminas de conectar. Vas a ver que es otro pedo, cuando lo hables, cuando lo digas. Ana, no sabes cómo te agradezco la confianza. Y aquí estoy para lo que necesites. Por favor, no dejes de irme contando cómo vas. ¿Sí?**

*Muy bien. Claro que sí.*

**¿Estás tranquila?**

*Sí, por eso me quise dar un espacio. Si voy a llorar o me voy a sentir como sea, que sea yo solita, en paz. Reprogramé mi trabajo, necesitaba este momento. Porque no es lo mismo ir con un psicólogo a hablar con alguien que lo ha vivido, que te entiende, que trabajas de eso, por así decirlo, y que te dé unos tips. Hay una película de terror donde el protagonista está cargando una "mona" en la espalda, así me sentía en estos días previos a la entrevista, nada más estaba esperando el momento de platicarlo contigo, ahorita siento que esa "mona" se me quitó de encima y estoy más ligera, ya peso 45 kilos de nuevo, entonces…*

**Estás bien chiquita, ¿45 kilos pesas?**

*50, entonces ya se me quitó ese 45…*

**Oye, perdón que te interrumpa, también se me ocurre, si quieres, podemos grabar esta sesión y te la puedo mandar, esto también puede ser una manera de decirle a, por ejemplo, tu hermana o tu mamá: "Quiero que veas esto".**

*Mi hermana, ahorita, como Fiscal, no me imagino cómo lo tomaría, pero es una buena idea. Así ellos me ven genuinamente como soy, lo que sucedió, y me imagino que van a reaccionar bien, creo que es una buena idea, me encanta.*

**No es una mala idea, es súper genuino. Porque, también pasa, tú accionas dependiendo de lo que ellos hacen. Me acuerdo que cuando tenía 16 años salió, en unos exámenes que me hicieron de orientación vocacional, la situación de violencia que viví, mandaron llamar a mi mamá y a mi papá y les dijeron: "En las pruebas de Saskia sale violencia sexual". Nunca se me va a olvidar, íbamos en el coche, en el tráfico, mi papá manejando, mi mamá al lado y yo atrás. "Amor, necesito que me digas qué es esto, por qué salió esto", y yo: "NADA, NADA, no quiero hablar de eso, no voy a hablar de eso". Y nunca lo volví a hablar. Entonces también depende mucho la circunstancia, si tu mamá reacciona, por decir algo, enojándose o poniéndose a llorar, igual y tu dices: "No ma, olvídalo, no es nada", y no es lo mismo que esta plática que estuvo súper genuina, ¿no?**

*Sí, me agrada la idea, porque me van a ver tranquila, sabía que me iba a quebrar en un punto, pero es normal. Es normal que la gente vuelva a sentir esa parte. Pero estoy bien, graduada, tengo un trabajo, estoy perfecta, nadie me molesta, no me siento insegura. Y esto que sucede en México, no me malentiendas, me encanta México, yo no me iría de México, pero esto sucede y hay que vivir con ello… no vivir con ello, sino saber que esto sucede y hacer algo. Y si esta historia ayuda, pues mi granito de arena, porque, quieras o no, años después, recordar que no hice una denuncia, me pesó muchísimo, sentí que no hice nada. Fue en vano ir a aplastarme 3 horas y que me tomaran esos datos no era nada. Pero, ahora, me siento mejor, si bien no pude poner una denuncia, sí puedo compartir lo que viví. Y si esto me funciona a mí, a lo mejor a alguien más también, evitar que te violen diciendo que quieres hacer pipí, quieres hacer popó. Evitar, no sé, algo que se te ocurra, no sé, lo que sea. En esas posiciones yo no sabía si iban a funcionar esas cosas, y nunca está de más compartir lo que tú pensaste y cómo reaccionaste, y a lo mejor a alguien también le puede servir.*

**Claro. Mira, y aunque sea que esto solo sirva para decirle a tus papás y ya, ya valió la pena.**

*Sí.*

**Y a tu hermana, que, no sé, tu hermana siendo Fiscal, imagínate a cuántas niñas puede ayudar. Estoy feliz, son de esas veces que qué padre que platicamos, qué bueno que sirvió y es un paso interesante. A donde sea que lleves esta historia, o que llevemos esta historia, este paso es importantísimo para ti como profesionista y como mujer. Y también, ¡qué delicia que nunca más en tu familia escuches "la burrita"! ¿no?**

**A mí, lo que me pasaba era que Guillermo, mi agresor, era jefe de escoltas en mi casa, teníamos seguridad**

**privada y todo, era Guillermo para acá, Guillermo para allá. Entonces Guillermo, como buen pedófilo, se ganó a mis amigos, y de repente, años después, cuando me encontraba con amigos, me decían: "¿Te acuerdas cuando Guillermo iba por nosotros a la escuela, te acuerdas cuando Guillermo tal, te acuerdas cuando Guillermo nos llevaba a...?" Y a raíz de que conté mi historia, la gente lo dejó de ver como ese pinche señor divertido de nuestra infancia y lo vio como lo que en realidad es: un pedófilo; fue como qué paz. Y el hecho de que ya no se mencione su nombre ¡qué delicia!, porque cada que lo mencionaban yo por dentro decía: "Puta, si supieran...".**

*Tienes razón. Te da coraje cuando ven a alguien como... A mí me decían de Inés: "Miraaa, está saliendo en una película, ¿cómo lo logró?", y yo con esas ganas de decirles: "Pues porque se estaba prostituyendo", pero, al mismo tiempo, mi mente me decía que ella realmente no tenía la culpa, ella era menor de edad, la envolvieron, cayó en ese..., no sabemos exactamente por qué, no sé su historia, a lo mejor la obligaron, no sé; pero sí tenía esas ganas de gritar que ella no lo hizo por su cuenta, no fue ella a tocar puertas o a conseguir las cosas bien. Supe que se metió a la Facultad de Enfermería y no pasó, pero la metieron porque ellos tienen contactos, todas esas cosas que tú crees saber, en realidad no, ella no se lo ganó, eso no se lo ganó, la metieron, obligada o no, no lo sé, pero no se lo ganó.*

**Sí, porque, aunque tu historia fuera diferente, si tu sueño hubiera sido ser actriz y esta persona te dijera: "Te voy a presentar con este güey que a mí ya me está posicionando y me está acercando con la gente adecuada", si hubieras ido voluntariamente a ese hotel, y estando ahí te hubieras asustado y no hubieras sabido qué hacer... si así hubiera sido tu historia, aun así sigues siendo víctima de esa situación, ¿me explico?**

**Es importante que no te sientas culpable, bajo ninguna circunstancia, de lo que te pasó. Porque eras una menor de edad, no tenías las mínimas herramientas y conocimientos para afrontar una situación así.**

*En definitiva. Y lo que me impresiona es que me hayan dejado libre, no sé qué confianza les di. Porque yo pensé que me iban…, con eso del contrato, me imaginé que me iban a tener encerrada y me iban a pagar, pero siempre bajo su vigilancia..*

**No creo, porque para eso se requiere de toda otra metodología criminal. Tenerte secuestrada requiere que tus papás levanten una denuncia de desaparición… Lo que tratan de hacer estas redes es…, yo creo que este güey, o apenas medio le estaba aprendiendo, porque normalmente lo que hacen, o lo que hubieran hecho es: enganchan a Inés, y luego hacen que ella te enganche a ti, te lo presentan, sales al antro con él o se van a un bar, en fin, te envuelven psicológicamente y hacen que de manera "voluntaria", participes. Al final, así es como opera la trata.**

**El que este güey te haya llevado directo al motel y que te haya enseñado todo esto, es porque de alguna manera, yo creo, confió en que Inés le estaba llevando niñas que tenían esa necesidad económica y consideraba que lo iban a hacer de manera voluntaria. Ya sea por el dinero, para que no me *bulleen* en la escuela, porque Inés es, no sé, la popular, y las porristas y… O sea, había mil razones por las cuales te pudiste haber enganchado sin que te tuvieran ahí secuestrada.**

*Sí. Sí es cierto.*

**Incluso las ganas de tener dinero, punto. Estabas ganando 250 pesos al día. Ellos te pudieron haber pagado hasta diez mil pesos, quince mil pesos por día.**

*O de las fotos, por cada foto publicada, y ni siquiera se publican en este país ni en este continente, en fin…*

**Exacto, tus papás deberían estar orgullosos de que reaccionaste así, porque eso habla de la educación que te dieron, de los valores y de la ética.**

*Te voy a pedir de favor que me envíes el video. Yo creo que es una buena idea, lo voy a platicar con mi terapeuta, pero sí me estoy convenciendo, me estoy dando cuenta que, a lo mejor, sí es una buena manera de decirles.*

**Sí, claro que te lo voy a mandar. Me vas contando cómo te va.**

*Sí, yo creo que ahorita mi mamá ya entiende muchas cosas, ya no se asusta, entiende que son otros tiempos y no dudo que a lo mejor ella sabe de alguien cercano, o a lo mejor ella misma me llega a platicar su historia, digo, uno nunca sabe, sobre todo con gente mayor, ellas sí son de: "No digo a nadie". Ella ni creía en los psicólogos, es muy de confiarle todo a la la Iglesia, y ya le he dicho que está bien, que si le ayuda ir a la Iglesia, está bien, pero los psicólogos también ayudamos. Entonces, ella ya está más abierta, por eso me siento con un poquito más de confianza para platicar con ellos, porque están más abiertos a que hay más cosas, no nada más es la Iglesia, entonces me ilusiona, me ilusiona que puedan saber. Y yo también estar más tranquila porque no me siento tan bien echando las mentiras de: "Ay, me quise ir con mi hermana nada más porque sí", "no acabé la prepa porque debía materias", cosas de ese estilo.*

**Me imagino que es parecido a cuando le dices a tus papás que eres gay, supongo que no te ha tocado pasar por eso. Pero es una sensación de: "Güey, ¡me van a matar!", y cuando están tus papás en esa situación, se acoplan. Tengo mil amigos con papás así, los más católicos, los más *mochos*, y que dicen: "Cuando mis papás se enteren que soy gay, me van a matar, nunca más me van a hablar". Y de repente la mamá es la presidenta de los papás con hijos gays, ¿ya sabes? Siento que quizá le podría pasar algo así a tus papás, que la reacción va a ser completamente distinta a la que te imaginabas.**

*Híjole, no me pasó con lo de ser gay, pero cuando le dije a mi mamá que ya no era virgen, fue un: "¡Queeeeé!, pero si no te has casado". Ya después hasta me dejaba irme a dormir con mi pareja, pero al principio sí pegó el grito en el cielo.*

**Supongo que la sensación va a ser un poco parecida. El miedo de decirles esto y después, en una de esas, tu mamá se voltea y te dice: "Qué orgullosa estoy de ti y perdóname". No sé, tal vez.**

*No creo que haya una mala reacción. Lo único que me preocupa es ese sentimiento, tú que tienes una bebita o una niña, no me quiero imaginar, o sea, es feo.*

**No me puedo imaginar el dolor de escuchar a mi hija decirme que pasó por algo así, te lo juro, no me lo puedo imaginar. Pero si me das a escoger entre saber o no saber que mi hija vivió eso, un millón de veces quiero saber. Me duele más el saber que mi hija me lo oculte. Y, ¿sabes también qué? Si te llegaran a decir por qué no se los dijiste antes, ellos tienen que respetar que tú hiciste lo que pudiste con las herramientas que tuviste en el momento que las tuviste. No hay tal cosa como bien o mal en estos**

**procesos. "Es que ¿por qué no hablaste antes?, ¿por qué no nos dijiste?, es que ¿por qué..." Porque así fue. Y así como fue es como tuvo que ser, punto. Ni modo. Y tú, a tus 29 años, después de 13 años, estás alzando la voz, estás hablando. Hay gente que tiene 50 años y nunca lo ha dicho. Y hay gente que lo dice luego luego, y hay gente que... es cosa de cada quien.**

*Sí. No hay procesos incorrectos. Hice lo que yo creí que era lo mejor, lo más seguro para mí y para ellos.*

**Sí.**

*Ah, ahora que respiro, respiro, así como que ¡AAHHH, qué alivio!*

**Pues, Ana, gracias por contarme tu historia y voy a estar muy pendiente de ti, ¿sale?**

*Ya te iré contando qué sucedió, cómo hubo ese acercamiento con ellos, y cualquier cosa también. Me interesa mucho el cómo va a ser tu libro, porque no, nunca he sabido de algo así, de testimonios, a pesar de que ya tienes otros libros.*

**Por supuesto, te voy contando, cuenta con ello. Te mando un abrazo con todo el cariño del mundo. Gracias por tu confianza.**

*No, a ti Saskia. Cuídate mucho, mucho, mucho, cuídate bastante y esperemos que todo salga bien de mi parte y de tu parte también.*

**¡¡Te mando un abrazo, Ana bye!!**

*¡¡Cuídate, bye!!*

## LA IMPUNIDAD Y LA CORRUPCIÓN: LOS MEJORES AMIGOS DE LA TRATA

La impunidad y la ineficiencia de nuestro sistema de justicia penal no solo afecta a mujeres adultas que han sido víctimas de las redes de trata, también desprotege a las infancias que, desafortunadamente, se ven en la necesidad de enfrentar el sistema de justicia penal. En México, diariamente 7 niñas y niños son asesinados, pero previo a estas muertes, en la gran mayoría de las historias de estas niñas y niños hay violencia tanto física como sexual que termina llevando al fallecimiento a estos menores. El fortalecimiento de las instituciones para proteger a tiempo a las infancias o atender sin revictimizar, en nuestro sistema de justicia penal, es una obligación que tenemos en México para que los niveles de impunidad y las cifras negras no estén tan altos. Hoy, el fortalecimiento del Estado de Derecho y del Sistema de Justicia Penal en México es una obligación inmediata y urgente para realmente hablar de empezar a prevenir la violencia hacia la infancia, hacia la adolescencia y hacia las mujeres del país.

En México, nuestras niñas son agredidas sexualmente en sus propias casas y la policía no hace nada al respecto. Los pedófilos de todo el mundo viajan con fines de turismo sexual infantil a México, encontrando aquí tres de las ciudades más importantes del mundo para ello y regresan impunes a sus casas. Las mujeres que migran indocumentadas deben transformarse físicamente en hombres y tomarse pastillas anticonceptivas porque las posibilidades de que las violen durante su paso por México son altísimas. El informe del Instituto de los Derechos Humanos y Democracia menciona que la cantidad de mujeres desaparecidas en México se ha triplicado en los últimos años. En México desaparecen todos los días 7 mujeres y niñas que, en su mayoría, tienen entre 15 y 17 años.

Para hablar de impunidad, vamos a las cifras:

- En el 2020, 21.2 millones de personas de 18 años y más fueron víctimas de trata. Por si no quedó claro, 23,520 por cada 100,000 habitantes. (INEGI)
- El INEGI contó que casi 30% de los hogares del país tienen una integrante que fue víctima de trata.
- En 93.3% de los delitos de trata en México no existe una denuncia o la autoridad no inició una carpeta de investigación.

En México el sexo es un negocio. Los tratantes te hablan de las mujeres como si fueran mercancía. En algunas entrevistas tenía que recordarme, cuando los escuchaba, que hablaban de mujeres y no de algún producto. Tienen ellos una manera de estar desconectados afectivamente al sufrimiento humano que es de no creerse.

En México, la pedofilia y la trata de personas es un delito rentable porque no es denunciada y es tapada por muchos de los hombres más poderosos del país. Los pedófilos, al hablar de sus delitos, constantemente buscan desvincular la empatía para justificar su acto; esto no sería posible sin las redes de apoyo que hacen, creando una falsa ideología de "comunidad".

Es duro, lo sé, pero es importante conocer los casos, las historias, escudriñar en el problema y tomar acciones. Por las niñas, las mujeres, las víctimas de trata, por todas ellas.

Cuando una mujer denuncia, habla de su experiencia dolorosa, la comparte para que otra niña, adolescente o mujer no le suceda, se convierte en una heroína. Gracias a su fuerza y a su valentía, mi propia hija, todas nuestras hijas tienen menos posibilidades de caer en una red de trata. De verdad, la fuerza que tiene quien denuncia es de admirarse y respetarse. Aun con policías que, queremos creerlo, siempre buscan justicia, aunque violan todo tipo de derechos para hacerlo, una víctima entonces, sobreviviente hoy, muestra la complejidad de un suceso lamentable, la dualidad de solicitar, de exigir justicia pero, como la burocracia desencadena la corrupción y la violación al debido proceso, todo se tuerce, se complica y cae en un abismo de impunidad.

Hoy en México no se trata simplemente de tener policías buenos o policías malos, tenemos un sistema burócrata corrupto, cuyas malas costumbres de violentar sistemáticamente el debido proceso se han vuelto su modus operandi. Desafortunadamente, modus operandi que influye negativamente en un proceso que tenía todas las bases para hacer bien las cosas.

Es triste pero cierto: en mi país no saben hacer un juicio bien hecho, peor aún, no quieren hacerlo, pues regularmente predomina la violación al debido proceso. Aun con la obviedad de tener todo para hacerlo bien. Justo esto, es lo que nos lleva a un Estado fallido.

## BRAYAN: PAGABAS POR LA MUCHACHA Y TE LA LLEVABAS, ERA COMO TRASLADAR MERCANCÍA

Mi nombre es Brayan y tengo 26 años. Estoy acusado de intento de homicidio y portación de arma de fuego, llevo una condena de 23 años.

Llevé una infancia normal, mis papás vienen de entornos distintos, mi papá de la Merced y mi mamá de Valle Gómez, diferente barrio, y a pesar de que el entorno de mi mamá era más tranquilo, siempre me gustó más la onda de mi papá, ahí conocí a amigos más de desmadre, no jugábamos a los tazos o a las escondidas, no, ahí nos agarrábamos a *madrazos*, jugábamos desde chicos a los *chineados*, "botar" a los compañeros hasta desmayarlos y quitarles sus cosas, es una tradición del barrio, casi como un trabajo.

Era niño, tenía 5 o 6 años y lo veía como algo normal, incluso llevaba a mis amigos de Valle Gómez a la *chineada* y ellos se espantaban: "Lo van a matar", me decían, pero ya lo teníamos bien medido, contábamos 30 segundos o 1 minuto y el compañero se levantaba, así fue el entorno en el que crecí.

Tengo una hermana, pero es otra cosa, ella es más apegada a mi mamá, más tranquila.

Mis papás son unidos, pero a mi mamá nunca le gustó vivir en la Merced, por lo mismo peleaban mucho, ella siempre intentó convencerlo de que nos mudáramos a Valle Gómez, pero mi papá es comerciante desde joven, ya conoce "la movida" en la Merced, él tiene una bodega y mueve mercancía.

Además, mi papá es bien *padrote*, le gusta conquistar mujeres, y en su barrio se la vivía hablando con las muchachas, también por eso mi mamá se molestaba, se encelaba como cualquier pareja. Total, para ya no tener problemas, mi mamá se regresó a Valle Gómez, no se divorciaron, seguían juntos, pero cada quien en su casa. Yo me la pasaba de casa en casa, pero, la verdad, siempre preferí estar con mi papá, ahí tenía a mis *valecitos*.

Nunca me gustó la escuela, no porque fuera "burro", sino que no ponía atención, ese era mi problema, no podía concentrarme ni enfocarme en algo, era un desmadre, a cada rato le hablaban a mi mamá de la escuela para decirle que había tenido un problema, era muy problemático. Y para acabarla de *fregar* tengo problemas de visión, astigmatismo y miopía, tengo 13 en cada ojo. Entonces tenía que usar unos lentes de fondo de botella, y si me los quitaba no veía nada, eso me ocasionaba *bullying*, y como nunca me dejé, siempre andaba metido en problemas.

Entré a la secundaria y mi mamá me compró lentes de contacto, ahí conocí a amigos *chidos*, nadie se burlaba de mí. Empecé con el desmadre, dejé de ponerle atención a las calificaciones, tenía 14 años, fue cuando mi papá me preguntó si realmente quería seguir estudiando o mejor me ponía a trabajar, porque hasta ese momento mis papás me mantenían, me compraban los uniformes, útiles, me daban dinero para gastar. Recuerdo que lo único que me interesaba eran las matemáticas, en esa materia llevaba 9 o 10, ahí tengo mis boletas, las demás me aburrían, mientras yo supiera sumar, restar y hacer cuentas, lo demás no me importaba. A fin de cuentas, para atender el negocio, solo necesitaba saberle a las sumas.

Decidí dejar la escuela e irme a trabajar con mi papá, ahí retomé mis amistades del barrio, ellos ya eran puros *chineros*, nunca fueron a la escuela, desde niños se quedaron ahí, entonces ya estaban bien *tendidos* mis *carnales*.

Yo salí medio bien portado gracias a mi mamá, ella es buena persona, diferente a mi papá, es católica, dedicada, por eso yo me tenía que comportar enfrente de ella; digamos que llevaba una doble vida, por un lado estaba en el desmadre con mi papá en la Merced, y por otro, era el niño bueno de mi mamá y mi hermana.

Bueno, me salí de la escuela y retomé el contacto con mis amigos *chineros*, me metí de lleno a ese mundo. Como los papás de mis amigos eran *padrotes*, la gente que "mueve" en el barrio, comencé a tener una vida buena, me regalaban ropa, a veces llegaban con 10 playeras y para mí eso era lo *chido.* Me propusieron que "jalara" con ellos, que hiciéramos lo mismo a lo que jugábamos de niños, y yo, *chamaco* al fin y al cabo, se me hizo fácil, el único problema era que mi papá me tenía checado, me advirtió que no me quería ver con ellos, que ya sabía que andaban de *culeros* y no quería que yo llevara esa vida.

A los 15 años empecé a *chinear* de verdad, mi primera víctima fue un "paisanito", un comerciante que venía a surtirse, le quitamos 10,000 pesos al *chundito.* Mi "causa", que en paz descanse, fue el que lo vio y dijo: "Ése se ve que trae lana", me puse nervioso, pero pensé en el dinero y *amachiné.* Cuando contamos el dinero se nos hizo muchísimo, recuerdo que pensé que con eso podía comprar toda la mercancía del puesto de mi papá, y de ahí ya no paré.

*Chineábamos*, por lo general, 2 personas al día, las cazábamos por cómo se veían sus bolsas del pantalón, ahí notas cuando traen dinero. Muchos piensan que los que andan *faroleando*, con sus cadenas de dizque oro y sus celulares caros, son los que más dinero tienen, pero no, esos traen pura chapa de oro. Las que sí traían cosas bien eran las *chunditas*, las llamadas Marías, esas traen arracadas o cadenas buenas.

La verdad, fui bien *culero* de *chamaco*, no me tentaba el corazón para robarle a las señoras, ya cuando fui creciendo me ablandé, pero de *morrito* me ganaba la ambición, no pensaba si la señora era mamá o hermana, yo lo que veía era el dinero. Porque, seamos honestos, el dinero mueve; por ejemplo, mi papá era alcohólico, y cuando andaba tomado pasaba por mí, mi hermana y mi mamá, y nos llevaba a comer a donde quisiéramos y se portaba bien con nosotros, hasta cariñoso era, porque cuando estaba sobrio era muy seco, agrio, incluso neurasténico, por eso yo decía que mi papá me caía mejor *pedo* o *grifo*, era "la banda". A veces me ponía triste pensar que mi papá solo era feliz cuando tomaba, pensaba que nosotros no lo hacíamos feliz, que no nos quería. Después entendí que él tenía sus problemas, sus papás lo abandonaron de niño, mi abuela se fue a Estados Unidos y mi abuelo era alcohólico, entonces él tuvo que crecer solo y cuidar a sus hermanos, nadie le enseñó a ser padre.

A los 15 años empecé a consumir drogas y alcohol, mariguana y thinner; el "activo" era lo que más me gustaba, por lo mismo me volví más seco, la droga me cambiaba. Mi papá no se daba cuenta que me drogaba, él llegaba noche de trabajar y yo ya me había bañado y estaba *chido.* Ya más grande sí me anexaron, pero los primeros años no se dieron cuenta de nada.

Me empecé a juntar con "banda" más *cábula*, me iba a lugares de mala muerte, por ejemplo, enfrente de la Iglesia de la Soledad hay un parque donde van puros *monosos*, y ahí iba a conseguir la *mota* o el activo, todo muy discreto porque estaba la Judicial. Conocí a más gente, ya no sólo *chavos* de mi edad, sino gente grande, todos del barrio. Ya no iba a comprar sólo 20 pesos de *mota*, ya me llevaba mi casa cantidades grandes, me volví adicto.

Diario me levantaba temprano y me iba al puesto, mi papá ya me había dejado armado todo, pero yo le encargaba el puesto a una señora y me iba a *chinear*, regresaba hasta la noche y le daba a mi papá lo de 1 o 2 playeras que según había vendido. Mi papá, mientras, se dedicaba a cobrar piso y a cuidar a las "muchachas".

Dejé de ver a mi mamá como antes, ahora la iba a visitar una vez al mes o una vez cada 2 meses, me daba flojera visitarla, allá mi diversión era jugar frontón en unas canchas que había y nada más, en cambio, con mi papá, sacaba dinero y desmadre. Ahora me doy cuenta que me enfoqué más en el dinero que en el amor de mi madre y eso no está bien. Pero, insisto, el dinero te da todo, la libertad de ya no depender de nadie, de no pedirle nada a tus papás; porque mi mamá a veces llegaba con ropa o cosas para mí y yo sentía feo, ella no tenía necesidad de estar gastando en mí.

Siempre tuve ganas de que un día viviéramos todos juntos otra vez, soñaba con comprar una casa donde mi mamá y mi papá quisieran estar, donde pudiéramos vivir como una familia de nuevo. Por eso me enfoqué tanto en el dinero y, al mismo, tiempo, descuidé lo que más quería.

A los 17 años las cosas se volvieron más serias, para la *chineada* empezamos a usar armas, y eso ya cuenta como tentativa de homicidio, la sentencia aumenta, no es como a los 15 años que das "una luz" y te sueltan. Además, empezaron a poner cámaras y a regularizar los puestos, había más control y eso hacía que la *chineada* bajara.

Conocí a *morros* de otros barrios, algunos se dedicaban al *farro*, otros al robo de motos y algunos al *mazo*, o sea, se metían a las joyerías a robar. Como tenía amigos en todos lados, decidí entrarle al robo de motos, las destartalábamos y las vendíamos en la colonia Morelos, pero es poco dinero y mucho arriesgue, por una moto te dan 5 mil pesos nada más, y si te llegan a agarrar o te dan un balazo, sales perdiendo. Robábamos 10 o 15 motos para que hubiera una verdadera ganancia, se escucha sencillo, pero no lo era, lo que ayudaba era que estábamos bien drogados, se nos hacía fácil.

Después le entré a robar joyerías, ahí la ganancia subía a 300 o 400 mil pesos, íbamos a Tlaxcala o Puebla para despistar. El problema es que ahí las condenas son largas, tengo amigos que a la fecha siguen encerrados por ese delito, uno en Aguascalientes y otro en Baja California, todo por unas (joyas) Versace, el precio de la fama, ¿no?

Dentro de la pandilla teníamos todo planeado, yo era el que manejaba para darnos a la fuga, estaba tras el volante y los sacaba rápido por si nos descubrían, mis compañeros del crimen eran los que se bajaban a disparar por si había enfrentamiento.

Llegó el día que nos dieron seguimiento, teníamos una carpeta de acusaciones enorme, y si nos hubieran querido *chingar* lo hubieran hecho, pero los de la Fiscalía llegaron a un acuerdo con nosotros, éramos 5, nos pidieron 70,000 pesos por cabeza. Afortunadamente tenía un "colchoncito", ahorros para comprarme una moto más *chingona*, también le pedí prestado a un señor que fue mi patrón, él me dio 30,000 pesos con la condición de que en un mes le regresara 50,000, me *chingó*, pero ni modo, en el momento lo único que quieres es irte de ahí.

Quedamos libres y empezamos desde cero, por así decirlo, mis *vales* siguieron en lo mismo, pero yo le pensé, ya no me gustó el ambiente, era arriesgarse mucho a lo *pendejo*. Contacté con un amigo y me llevó con una banda en Iztacalco para hacer *mazo*, que entrara a robar en tiendas. Ese día nos robamos una camioneta para hacer el trabajo, éramos un *chingo*, fuimos a una plaza a Izcalli, era de noche, y primero entraron 2 gorditos, debes tener volumen para tirar las puertas, y con un mazo —por eso se le dice así— tiraron todo. Una vez abierto, teníamos un minuto exacto para agarrar todo lo que pudiéramos de las vitrinas, estábamos sincronizados con nuestros celulares. Después del minuto ya "valiste", porque suena la alarma y llega la policía, así que teníamos que agarrar todo rápido y regresar corriendo a la camioneta, era mucha adrenalina.

Gracias a Dios, salió todo bien, llegamos con el jefe, un señor gordito de bigote, y empezó a repartir las cosas y el dinero, sacamos como 150,000, a mí me tocaron 20,000. Lo vi y me encantó, dinero más limpio, no como en las motos que a veces era bajar a los dueños, disparar, mentadas de madre, encarar a la víctima.

Total, le dije a mi *valecito* que si salía otro trabajo de esos me hablara, porque no son siempre, esto lleva una investigación que a veces dura meses.

Tenía que buscar otro *jale*, compré una pistola ahí con los de la banda, me costó 6,000 ya con balas, y me puse a asaltar y extorsionar. No discriminaba, lo mismo robaba a un carnicero que a una señora o adentro de una fábrica. Una vez me metí a una bodega y encontré una caja fuerte, ¡madres!, *chingos* de dinero, ahí me *cachondeé*, vi tanto dinero que no pensé en las cosas, amagué a la encargada de la bodega y a su niña, tenía 3 años, todavía la traigo cargando a esa niñita. Bajé la cortina del local y empecé a meterme todo el dinero, eran unos 40,000 pesos para mí solito. Pensé en desamarrar a la *ruca* y a su hija, pero iban a gritar, mejor las dejé así y me fui. Con ese dinero le pagué al señor que me prestó y gané nombre, se dio cuenta que era una persona que cumple.

El *pedo* fue que esta *ruca* era la "buena" de un güey pesado del barrio, de los dirigentes de los puestos, entonces me empezaron a buscar, ofrecían 20,000 por mi cabeza y la gente estaba diciendo que ya me habían reconocido por un tatuaje de calavera que tengo. Ya no pude robar en esa zona porque había muchas patrullas monitoreando todo el tiempo, y ahí ya me dio miedo, no quería poner en riesgo mi vida ni la de mi familia, vendí el arma y dejé de lado esa vida.

Empezó entonces una desesperación por no tener dinero, aunque seguía trabajando en el puesto de mi papá, no era lo mismo, me aburría y no ganaba lo mismo que en mis otros *jales*. Me empecé a *bajonear* porque antes yo era de "pararme el culo" con los demás, iba a Valle Gómez y presumía, traía moto, dinero, "viejas", y de repente me quedé sin nada, era frustrante.

Para ese entonces también estaba un poco encerrado, no salía porque tuve un *pedo* muy fuerte con un güey que era de la mafia, vendía vicio en toda la Valle Gómez, él tenía una amante, porque estaba casado el güey, que a mí me gustaba mucho, los 2 nos gustábamos y salíamos de vez en cuando a tomar y a bailar. Un día estábamos tomando afuera de la casa de un *valecito* cuando pasó un carro medio raro, enseguida la chava se hizo para atrás, se espantó, le dije que se calmara, que su novio era *puto* y no nos podía hacer nada. Como a los 10 minutos regresó el carro y se bajó el copiloto, tenía una caguama rota en la mano y se fue *sobres* contra mí, alcanzó a rasgarme toda la cara, me dejó el cachete casi desprendido. Me metí rápido a casa de mi amigo a limpiarme y cuando salí ya no estaba el carro, quise perseguirlo con mi moto pero la *pinche* nunca prendió. Me di cuenta que estaba sangrando demasiado y fui a casa de mi mamá para que me llevara a un hospital, pero ya en la clínica le dijeron que no me podían atender porque venía alcoholizado, ni modo, fuimos con una amiga de mi mamá que es veterinaria y ella me cosió el labio y el cachete.

No quise irme a la Merced en unos días, se iban a burlar de que me dieron "en la madre", pero a los 3 o 4 días me llamaron para contarme que ese güey estaba ahí en el barrio. "Sobres", le dije a mi mamá que iba a ir a matar a ese güey, ella espantada, obvio, pero no me importó, tenía 17 años y me "valía madre" todo. Agarré una escuadra 25 que tenía —porque siempre me gustaron las armas— y me fui a la Merced.

Cuando llegué lo vi, estaba comiendo en un puesto de la calle con su familia, su esposa y sus 2 hijos; dejé mi moto a unas calles y revisé el terreno, estaba "morado", así decimos nosotros cuando está sola la calle, regresé y le solté 7 balazos directos en la cabeza, enfrente de su familia. Corrí de regreso a la moto y me fui a casa de mi mamá, bien alterado estaba, ella comenzó a llorar y me dijo que me fuera con mi papá, que no me quería ahí. En la noche llegó toda la Ministerial, la AFI de entonces, allanaron la casa de mi mamá preguntando por mí, ella les dijo que no sabía nada de mí desde hace meses, fue un *pinche* desmadre.

Esa fue la primera vez que maté, sentí miedo, adrenalina, al principio estaba arrepentido, pero después vi la cicatriz que me dejó en la cara y dije: "Que vaya a chingar a su madre", de mí nadie se burla.

Un día recibí una llamada del señor que me había prestado dinero, al principio me espanté, mi mente enferma pensó que iba a reclamarme algo o a amenazarme, pero no, en el barrio yo era un *cabrón* por lo que hice, de cierta forma me tenían respeto. Entonces este señor me contactó para que trabajara con él, sabía que yo era un *morro* "con huevos", una persona que le había pagado una deuda y que, además, ya había asesinado, un perro rabioso que podía estar a su servicio.

Empecé a trabajar "cuidando muchachas", toda la vida había visto cómo se maneja la prostitución así que no había problema. Ellas tenían sus horarios y sus zonas, lo único que yo tenía que hacer era vigilarlas; no sabía sus nombres, las nombraba por números: "La 2, la 5, la 10", así, dependiendo cuántas manejaba el patrón. También le llevaba las cuentas, por ejemplo, si una hacía 10 servicios, cada uno de 200 pesos, debía 2,000 ¿no?

Me tocó cuidar Manzanares, empecé con 10 muchachas, pero era un desmadre porque se me perdían, como a todas las veía iguales, al rato ya no sabía quién era mía; nunca me fijé en su atuendo, su color de piel, rasgos o maquillaje, yo sólo me fijaba en que llegaran a trabajar y que hicieran lo suyo.

Parte de mi trabajo también era ver que no perdieran el tiempo, por ejemplo, llegaba un cliente y la negociación dura 5 o 10 minutos, si pasa de eso, entonces me tocaba ir a ver si todo estaba bien, si la estaban molestando y la tenía que defender dándole unas patadas al *cabrón*, o si era un amigo de ella, avisarle que estaba trabajando y que regresara a buscarla después. A veces también me buscaban para que les llevara *perico* o *piedra*, si el cliente lo necesitaba, yo se lo llevaba.

Ahí conocí más a fondo cómo se mueve la prostitución, por ejemplo, ellas cobran 200 pesos por un servicio sencillo, una sola posición sexual, ya si el cliente quiere cambiar o quiere sexo oral o anal, sube la tarifa. Todo esto lo determina el patrón, él fija precios y saca el porcentaje que se llevan las muchachas, si ellas cobran 250 pesos, se llevan sólo 80, ¿por qué?, porque hay que pagarle al hotel, al padrote y a la policía, así que, si una muchacha quiere ganar más, pues le tiene que trabajar, echarle ganas.

Una *chava*, promedio, tiene que hacer 10 servicios, es lo mínimo, ya si hace más es su extra. Es como cualquier trabajo, como una maquila, una tienda, ahí tienes que cumplir con ciertas metas, y me tocó ver muchas veces en las que el patrón las regañaba porque llegaban con menos servicios, "Es que estaban feos", decían, pero eso no importa, aquí lo que vale es el dinero, y si se les está dando el permiso de pararse en nuestras esquinas, tienen que cubrir con las cuotas.

Hay clientes que les pedían cosas más extremas, cachetearlas o golpearlas, eso les excitaba, cada cabeza es diferente, y ahí era cosa de si la chica lo permitía o no, nos llegaron a hablar varias veces de los hoteles porque escucharon que la muchacha pedía ayuda, entonces llegábamos 2 o 3 *locones* y a "partir madres", los secuestrábamos 2 o 3 días para darles un susto y corregirlos, los torturábamos, los apaleábamos, no les dábamos de comer, los encuerábamos y los dejábamos así colgados, pero nunca matamos a nadie, sólo era un escarmiento. Incluso los dejábamos llamar a su familia para que avisaran que no iban a llegar en unos días, eso también los *chingaba* psicológicamente.

Casi todos los que agarramos así eran de pueblitos del Estado, venían varios de Ecatepec y alrededores. Hubo un señor que venía de Coatepec, era albañil, vino a terminar una obra y a contratar a una muchacha, nada más que el señor quiso ahorcarla y ahí intervenimos. Le cortamos 2 dedos a este *cabrón*, es que sí dejó mal a la chica, y como tuvo que descansar para recuperarse, fueron días de pérdida para el patrón.

A las chicas las conseguía el proxeneta, yo tenía 2 tíos que se dedicaban a eso, morenos, mal encarados, ellos iban a las verdulerías de la Merced y buscaban *chavitas* atractivas o simplemente jóvenes, de 20-30 años, no menores porque ahí nos metemos en problemas con la policía, ellos no permiten que estén paradas en las esquinas. Si quieres poner a trabajar a una menor ya es por "debajo del agua".

El trabajo de los proxenetas es enganchar a las *chavas*, jugar con ellas, hablarles bonito y después hacerse el enojado, manipularlas para que estén tan enamoradas de ti que no te puedan dejar. Es ahí cuando les meten la idea de que ellas trabajan prostituyéndose para que el proxeneta pueda pagar cosas que, en teoría, los 2 necesitan, digamos una casa, ropa, carros, etcétera. Una vez que logran que la muchacha trabaje para ellos, le hacen entender que él tiene otras mujeres, y que si quiere ser la favorita tiene que trabajar más. Hay mucha competencia entre ellas por ver quién es mejor en la pasarela, quién se viste más provocativa, quién atrae más clientes y puede llevarle más dinero al *padrote*. Y dentro de los *padrotes* también hay mucha competencia, yo escuchaba cómo mi tío presumía cuántas mujeres tenía y cómo le hacía para conseguir más.

A los 18 años me adentré más en ese mundo, mis tíos me vieron potencial porque estaba güerito, decían que les iba a servir de "gancho" para agarrar muchachas. Me llevaban a las centrales camioneras a cazar, veía *chavas* solas y me acercaba a saludarlas, a ayudarlas con su equipaje, les ofrecía una cita y las iba "trabajando". La condición era que fueran jóvenes y de buen físico; ahorita ya no es como antes, ahorita ellas ya pueden decidir si *coger* con alguien o no, pero antes tenían que *chingarse* a todos, y por lo mismo contraían enfermedades, muchas de ellas murieron de SIDA, alrededor de 50, según conté.

Al principio las mandaban al doctor, pero después ya sabíamos lo que tenían, no tenía caso gastar en médico. Se veía en su semblante, si eran morenitas, se ponían amarillas, pálidas, enflacaban y perdían color; tú te das cuenta cuando alguien se está drogando o cuando está enferma, y ellas de repente dejaban de ir a trabajar o bajaban rendimiento. Cuando esto pasaba, buscábamos a las personas que las infectaron, porque eso representaba una pérdida, una *chava* enferma no sirve, las tenían que despedir y regresarlas a su pueblo. Me acuerdo que una vez sí me afectó esto, porque una de las que murió era un "maneje" mío, yo la metí en eso y me involucré con ella, en sus sentimientos, era una excelente persona, me dolió verla morir.

Todas ellas son mujeres sometidas, los *padrotes* las tienen controladas, las mandan del trabajo a su casa y no sales de ahí, no tienen permitido tener pareja y si, por alguna razón, no quieren trabajar, deben pagar su cuota, eso lo arreglan con el *padrote*, no importa que su mamá esté enferma, que tenga una urgencia médica o algo, si no tiene para pagar la cuota, tiene que trabajar.

Al principio fue algo difícil de aprender, yo veía a las *chavas*, algunas bonitas, y no entendía cómo estaban con un hombre todo gordo y que las trataba mal, que las golpeaba y las prostituía. Pensaba que ellas podían salirse de ahí, trabajar en otra cosa, porque aquí en el Centro hay mucho trabajo, y lo que no entendía es que ellas ya están "trabajadas", enamoradas de su proxeneta. Porque ellos sí saben cómo engancharlas, incluso se hacían los dignos, les decían que se regresaran a su pueblo, que ya no tenían con qué pagar la boda o formar la familia, y ellas, ingenuas, se quedaban trabajando para ellos.

Cuando trabajé en eso, ganaba 2,000 pesos a la semana por cada *chava* que cuidara, entonces sacaba unos 20,000 semanales. Pero tenía que estar "al tiro" con ellas, vigilar que se pusieran a trabajar, porque había unas que cubrían sus 10 servicios y se ponían a *chismear*, y no, no hay que perder el tiempo.

Tenía compañeros que les tocó matar *chavas*, yo nunca lo hice, pero conocí gente que sí, me enteré de una muchacha que estaba "cuadrando" con un judicial, ella se enamoró de él y lo estaba ayudando a investigar cómo estaba la onda para desmantelar a los proxenetas y la trata de blancas. Un compañero se dio cuenta y dio aviso para que la "levantaran", le encontraron mensajes con nombres, testimonios, ubicaciones y mucha información. No sé si el judicial estaba enamorado de ella, casi puedo jurar que no, que sólo la usó para obtener información, pero eso le costó la vida a la muchacha.

Nunca dañé a las *chavas*, un día mi patrón me pidió que torturara a una, pero le dije que no, le puse un límite, le dije que iba a hablar con ellas, pero golpearlas o esclavizarlas es algo que nunca haré. ¿Por qué? Porque tengo una hermana y una madre, mi corazón es más blando.

Otra cosa que es frecuente son las subastas, ahí llevan a mujeres de más calidad, extranjeras o de Estados del norte, de Sinaloa o Monterrey, ya no son morenitas ni *prietitas*, son más voluminosas, más *buchonas*. Pero ahí está más *cabrona* la cosa, por eso no me gustaba ir ahí, vi 2 o 3 cosas que me daban *puto*, sentía feo por ellas, porque sabía cómo terminaba todo.

El tráfico de mujeres está *cabrón*, es una realidad muy cruda, no es como en el modelaje que pasan las mujeres con vestidos bonitos, les hacen preguntas y enseñan sus mejores poses, no, aquí las tienen encueradas, con un gafete y un número, gritando: "Ésta vale…". Las llevan a una bodega encapuchadas y las tienen hincadas hasta que entran los compradores, las levantan y les quitan la capucha para que las puedan ver bien, las revisan desde las uñas, el cabello, si tiene juanetes en los pies, si estuvo embarazada, todo lo ven.

No me gustaba ir a esos lugares, pero no tenía de otra, mi trabajo era cuidar al patrón o a los *padrotes*, porque ahí iban de todas las pandillas rivales, era un evento para llevarse buena mercancía, entonces era arriesgado.

A estas muchachas las traían personas de todo México, casi siempre de Estados del sur, llegaban con 10 o 15 mujeres en una Van y empezaba la subasta. Se abría con 50,000 pesos, de ahí iba subiendo hasta llegar, casi, a los 300,000. Es que es una inversión, por ejemplo, si compras a una colombiana, la puedes "mover" bien y sacar hasta el doble de lo que pagaste por ella, por eso los patrones se llevaban a 2 o 3, y si podían, a todas, pero ya era cosa de ganar la subasta. Una vez pagada la cantidad podías subirte a la muchacha a tu camioneta o llevártela como pudieras, era como trasladar mercancía.

Nunca conviví mucho con ella, pero, por lo que vi, ya sabían cómo estaba la situación, ya antes las habían prostituido, no eran vírgenes. A estas *chavas* las cuidaban más, las ponían en un cuarto con otras mujeres que las cuidaban, les daban de comer y vestir, les enseñaban el lenguaje, porque muchas eran extranjeras, y les hacían entender las reglas.

Con estas mujeres sí es diferente el trato porque ellas vienen secuestradas, no es como las que los proxenetas enamoran y luego manipulan, no, las *chavas* de las subastas vienen a la fuerza, entonces es un trato más duro.

También había subastas de menores de edad, pero eso no le gustaba a mi patrón, decía que era mucho *pedo* con la policía, además, él tenía familia y siento que le dolía más porque pensaba en su hija. Pienso que el negocio de trata de menores va más orientado a la venta de órganos, porque había niñas de 8 o 9 años que eran compradas por gente bien, de tez blanca, fina, se veía estudiada, hasta doctores vi en esas subastas. Uno ve a la gente en su Mustang, Corvette, pero no se imagina de dónde sale el dinero, está muy *cabrón.*

Son muchas las cosas que vi en este ambiente, entendí que las mujeres no tienen muchas posibilidades de salir, hay unas que tienen suerte y logran escapar, ahí el patrón las deja ir y se acabó, pero si eres preciada para él o tienes potencial, nos mandan a buscarla hasta su Estado o a rastrearla.

Estuve trabajando con la trata de personas alrededor de 4 años, me agarraron cuando cumplí 23 años. Antes ya había tenido encuentro con la policía, pero dábamos cuota a los judiciales y no pasaba nada, el problema fue que ahora ya estábamos haciendo cosas diferentes, cobrando piso y metiéndonos a predios distintos. Además, mi patrón se metió en *pedos* con La Unión.

Todo empezó porque una *chava* "puso" a mi patrón, les dijo a La Unión cuánto y cuándo cobraba mi patrón su dinero, eran 5 millones de pesos, entonces ese día llegaron y le "bajaron" su dinero. Nos mandaron a cobrar el dinero y matar a los rateros, pero la cosa no acabó ahí, nos fuimos directo con el patrón de esos güeyes, nos juntamos, mis "causas" y yo afuera de su casa, eran las 10 de la mañana. La idea era robarlo y después extorsionarlo, a lo mejor darle una "madriza" y ya, pero justo iba empezando esto del COVID y cuando entramos a la casa vimos que estaba toda la familia, había unos 7 menores y como 5 mayores, los amarramos a todos y empezamos a saquear la casa, pero unos vecinos escucharon y llamaron a la policía.

Cuando llegó la policía huimos, corrimos de azotea en azotea, pero me alcanzaron a disparar en la rodilla, entró y salió la bala, pero me dio en el huesito, gracias Dios no me pasó nada, pero estuvo *culero*, ya no pude correr, me caí y ya mero me dan a "quemarropa", pero alcancé a desviar el disparo, saqué mi arma y empecé a dispararle en la pierna, casi nos matamos los 2, en eso llegaron a detenerme.

Las partes acusadoras nos acusan de secuestro exprés, en la detención nos metieron 2 celulares y 2 armas, pero en ninguna están mis huellas, entonces creo que sí les puedo ganar, nada más que tengo que esperarme algunos años para apelar. Porque mi patrón nos ayudó, en cuanto se enteró que nos habían trasladado al Reclusorio, metió abogados y logró que saliéramos absueltos del secuestro, entonces ahorita nada más traigo tentativa de homicidio y robo, por eso me dieron 23 años, 10 de portación de arma y 13 de tentativa. Espero echarme unos 6 años más y salir de aquí.

La verdad, aquí también he sido un *desmadre*, me han agarrado con navajas, teléfonos, haciendo tonterías; nunca me he dejado de la gente, aquí no va a ser la excepción, ni de los custodios me dejo, me hago respetar, porque ellos se confunden, piensan que soy cualquier interno, cualquier persona, pero no, allá afuera soy una persona de "huevos".

Cuando salga ya no voy a regresar a esa mala vida, ahora estoy encerrado y sé lo que es estar privado de mi libertad, no poder ir a mi casa, ahora siento lo que ellas sentían cuando los patrones las tenían sometidas, estoy del otro lado de la moneda.

Pronto voy a ser padre, también por eso quiero enderezarme. A mi señora la conocí aquí en la cárcel, en el Oriente, cuando mi suegro cayó preso, en ese entonces yo era mesero en Campo y durante la visita le servía a él y su familia. La primera vez que la vi se me hizo hermosa, pero pensé que nunca me iba a hacer caso, aquí encerrado, ¿quién te va a querer? Ella fue la que empezó a hablarme, a quitarme la pena, y eso es chistoso, porque yo antes era bien hablador, pero caer preso te come, de repente todos te olvidan, piensas que tienes un *chingo* de amigos y nadie viene a verte, te vuelves nadie.

Bueno, ella me dio su número y yo le marqué, comenzamos a hablar, platicamos de nuestras vidas, le pedí permiso a su papá de salir con ella, de llevar un amor como de secundaria, de esos primerizos. Le dije que me gustaría formar algo *chido* con ella.

Me trasladaron acá y ella siguió viniendo a visita, no me abandonó, y eso me sorprendió, pensé que iba a ser algo de momento y no, poco a poco abrí mi corazón con ella y ahora va a ser la madre de mi hija. Mis papás están contentos porque pensaron que nunca iba a tener algo formal, pero ahora que ven que voy a formar una familia se sorprenden, porque vieron mi carpeta de investigación y se enteraron de lo *cabrón* que fui, y les da gusto que tengo a mi lado a una buena mujer, católica y que me tolera. Y así como ella me aguanta, yo la respeto, no digo groserías y no me drogo, cuando me empieza a hablar de Dios, la escucho un rato, pero luego le digo que mejor hable de otra cosa, porque yo estoy tan lleno de pecados que si escucho de Él, me quemo.

Aunque, de cierto modo, me siento *chido* aquí, agradezco a Dios por darme otra oportunidad, por salvarme la pierna, la mano, la vida. Traigo una sentencia y "no hay pedo", la pago. Lo único que quiero es encontrarme allá afuera con mi hija.

## LOS PEDÓFILOS Y TRATANTES EN LAS REDES SOCIALES Y LA *DEEP WEB*

La facilidad que tienen nuestros hijos e hijas de caer en las manos de hombres como el del testimonio siguiente me dejó sin dormir. Las redes sociales son el mejor y el peor amigo de la humanidad. La atrocidad con la cual se han coordinado los pedófilos y los pederastas en la *deep web* para obtener material, enredar a sus víctimas y protegerse entre ellos es la definición absoluta de la brutalidad.

Cierro los ojos y pienso en todas esas niñas y niños que están lejos de sus familias, en los burdeles clandestinos de mi propio país y de otros continentes. Cierro los ojos y pienso en todas esas infancias que ahora son prostituidas, exhibidas como trofeos en la *deep web* del internet. El dolor que siento en el estómago es físico y me dan ganas de vomitar. Llegamos a caer muy bajo como sociedad, pero lo que estás a punto de leer en las siguientes páginas es, lamentablemente, la definición de lo más deshumano posible, la deshumanización absoluta.

El mundo de la cyberdelincuencia sexual es rentable porque, como país, estamos en pañales. Pensarías que la policía tiene toda un área profesional con la máxima tecnología para combatir este delito, pero la realidad es que, por Estado, solo dos personas atrás de una computadora se encuentran "monitoreando" la red. En Quintana Roo me tocó ver hace unos años cómo las cuatro personas que trabajaban en esta área dentro de la policía, tuvieron que irse a trabajar a la cafetería más cercana porque "no les agarraba el internet".

A nivel legislativo, hay muchas propuestas que urgen ser aprobadas para que realmente empiecen a combatirse estos delitos, sin embargo, éstas se quedan estancadas por ser última prioridad. La esperanza que tenemos recae en las mismas plataformas de las redes sociales, que han hecho un esfuerzo especial en tener áreas dentro de las empresas para detectar si en sus aplicaciones hay casos de violencia infantil. Aun así, en Twitter, en menos de dos clicks llegas a perfiles completos que copian links de la *deep web* donde hay niños y niñas cuyos cuerpos no están ni siquiera en proceso de desarrollo y ya están siendo explotados sexualmente.

Las palabras niño, niña y sexo jamás deben ir en la misma frase. De por sí, ya está jodido que estén en el mismo libro.

## MARTÍN: ME PARECÍA MARAVILLOSO VER A NIÑAS DESNUDAS

Tengo 35 años y estoy sentenciado a 33 años por trata de personas y pornografía infantil.

No tuve una buena niñez, no conocí a mi padre, lo asesinaron cuando yo tenía 11 años, la que se hizo cargo de mí y mis 5 hermanos fue mi mamá. Como soy el mayor, tuve la responsabilidad de ayudar en la casa, me volví el "brazo derecho" de mi mamá. Ella hacía trabajos domésticos, lavaba ropa o vendía comida, lo que fuera para ganarse unos pesos.

Mi hermana mayor está estudiando en una academia de policía, tiene 3 hijas y está divorciada; la que sigue es ama de casa, antes trabajaba vendiendo ropa, pero se casó y se dedicó al hogar; mi hermana la más chica se acaba de casar. De las otras 2 hermanas no tengo mucha información, vivieron con nosotros 2 o 3 años y después mis tías se las llevaron porque nosotros no teníamos la economía para mantenerlas.

Desde niño me hizo falta un papá, tengo apenas unos recuerdos de él y de mi vida antes de su partida, todos son buenos, no sufrí maltrato ni abuso por parte de mis padres, al contrario, yo era muy *mimado*, me lo dijo mi mamá. Las cosas empezaron a ir mal cuando mi papá murió, de repente tuvimos muchas carencias, ya no teníamos juguetes nuevos, ropa nueva, cosas que a uno como niño le gustan.

Nos mudábamos constantemente de casa; con la muerte de mi papá nos quedamos sin sustento para pagar renta y buscábamos lugares más accesibles, andábamos de un lado a otro.

Nunca fui buen estudiante, no tenía mucho interés en la escuela, tuve que trabajar desde muy chico, mi primer empleo fue a los 14 años en una panadería. En esta etapa conocí la independencia, con el dinero que ganaba empecé a comprarme ropa, a comer bien, a ayudar a mi madre y a mis hermanos. Poco a poco perdí el interés en la escuela, aunque mi mamá me obligó a ingresar al bachillerato, yo ya tenía la idea de salirme y buscar un mejor trabajo, estaba a punto de cumplir la mayoría de edad.

En este punto conocí a malos amigos, muchos dejaron la escuela, eran alcohólicos y drogadictos. Empecé a consumir alcohol a los 15 años, cerveza, ron, tequila, de todo; a los 16 años comencé con las drogas.

Mi mamá siempre fue un apoyo para mí, la considero un ejemplo de persona, nos dio lo suficiente, todo según sus posibilidades. Lo único que le reprocho es que me hubiera gustado convivir más con ella, porque recuerdo que era muy fiestera, amiguera, le gustaba salir a eventos, fiestas, bailes, cualquier cosa, y a nosotros nos hacía a un lado. Y, en cierta forma la entiendo, ella tenía 18 años cuando me tuvo. Recuerdo que se volvió violenta conmigo, llegó a golpearme o a gritarme, pero la entiendo, yo era el mayor y su único apoyo, me exigía más y era su forma de expresarlo.

Dejé la escuela al año y medio de entrar a bachillerato, conseguí trabajo como maletero en un hotel y después me moví a varios trabajos, McDonald´s, Burger King, le entré a todo, a veces estaba en el área de cajas, en la cocina o limpiando mesas. Mi problema era la constancia, si algo no me gustaba, renunciaba, no duré ni 2 años en alguno de esos empleos. Y aquí le echo la culpa a que nunca tuve un padre o una madre que me guiara, que me enseñara el camino recto, el tener un trabajo y mantenerlo. Siempre anduve por la vida solo, como pez dejándose llevar por la corriente, todo lo hacía a mi manera y a lo que yo quería, incluso me volví arrogante, me sentía autosuficiente y pensaba que yo tenía la razón en todo, no aceptaba consejos de nadie, me encerraba en mi mundo, en el ahora, no abría mi panorama para pensar en mi futuro, me volví conformista. Había algo dentro de mí que no me dejaba superarme, ese mal hábito abarcó todo mi mundo, siempre que tenía ganas de hacer algo me detenía, y eso me afectó en todos los ámbitos de mi vida, en lo laboral, lo sentimental, incluso lo psicológico.

En fin, no tenía un buen trabajo, ganaba poco, 2,000 o 3,000 pesos a la quincena, entonces empecé a comprar cosas robadas o a robar para conseguir lo que quería; por ejemplo, tenía conocidos que robaban autopartes y me las daban para que yo las revendiera, le sacaba casi el doble, ahí mis ingresos subían a 5,000 o 6,000 pesos. Y es chistoso, porque antes de caer aquí, yo hablaba cosas muy ofensivas de las personas en la cárcel, decía que eran unos rateros, unos malditos malvivientes, para mí, la gente de la cárcel era lo peor, jamás me pasó por la mente terminar aquí.

Cuando cumplí 18 años me di cuenta que me fascinaba la pornografía, ahí lo descubrí, antes no, nunca pensé de mala manera hacia mis hermanas, y eso que vivíamos juntos y compartíamos el baño, nunca me imaginé a mi hermana desnuda o cosas así, fue hasta los 18 o 19 que empecé con esos pensamientos, cuando perdí mi virginidad.

En ese tiempo trabajaba en un hotel, ahí me involucré con la sexualidad y la lascivia; trabajaba turnos nocturnos y me aburría mucho, tenía un compañero que le sabía a la computación y al internet, entonces él me enseñó a buscar cosas en internet, películas, series, programas de TV, pero yo encontré la pornografía y de ahí no salía. Mi compañero se daba cuenta de todo lo que yo veía, se quedaban las páginas en el historial y eso me cohibía, me daba pena, pero era algo que me causaba sensaciones que jamás había experimentado, me enganché.

Al principio veía páginas normales, porno de mujeres americanas, todas mayores de edad, lo de la pederastia lo conocí hasta después. En ese tiempo compraba revistas porno, películas, todo siempre a escondidas, y cuando mis hermanos me llegaban a *cachar* alguna, las regañaba, las ofendía, les gritaba que no estaba bien que esculcaran las cosas de los demás, me hacía el ofendido, aunque sabía que en el fondo el que estaba mal era yo.

Con el paso del tiempo empecé a tomarle fotos y videos a mis parejas, solo una no quiso, era una chava más grande, centrada, me dijo que no iba a permitir que le tomara fotos porque no quería que después yo se las estuviera enseñando a alguien más, era lista; todas las demás sí se dejaron, tenía una colección de fotos de ellas desnudas o videos teniendo relaciones sexuales.

Llevé una mala vida, era una persona machista, veía a la mujer por debajo de mí, siempre encontraba las cosas malas de ellas. Y, en cierta parte, eso me lo inculcó mi mamá, ella me acostumbró a que todo lo que yo hacía estaba bien, que las *viejas* estaban locas y que yo valía mucho más que cualquiera. Veía a mujeres licenciadas o trabajadoras y me enojaba, pensaba en cómo un hombre podía permitir que su mujer llegara a tanto, era una idea muy fea que tenía de las mujeres.

También relaciono esto con que era muy negativo, volvemos con el conformismo que manejaba, sentía que una mujer hermosa, inteligente y atractiva me iba a rechazar, que nunca iba a tener a alguien a quién presumir y decir: "Es mía". Sentía que era una persona fea que no merecía tener algo bueno, pensaba en cómo una mujer iba a querer estar con un hombre negativo, machista, conformista, que no quiere superarse, que le importa más él que apoyar a su mujer. Yo solito me cerré a tener a una mujer bella, sensual, buena, mi mundo se volvió una burbuja, me dispuse al rechazo, prefería volverme en contra de las mujeres antes de que ellas pasaran por encima de mí.

De lo que nunca he estado a favor es de la violencia, nunca le pegué a mis hermanas ni a mi mamá, menos a mis mujeres, exploto cuando veo a un hombre pegándole a una mujer, no lo tolero. De lo que sí soy culpable es de violentarlas en el lado emocional, humillaba a mis parejas, las hacía menos, eso me daba el control sobre ellas, me encantaba sentirme superior a ellas. Y esto no sólo con las mujeres, me gustaba tener el control sobre todas las personas, tanto en el ámbito sentimental, laboral, de amigos, me gustaba que hicieran lo que yo quería. A la única que nunca hice menos fue a mi madre.

Cuando tenía 25 años tuve mi primer acercamiento a la pedofilia. Trabajaba en una refaccionaria como repartidor y tuve un accidente en la moto, me quebré la muñeca y me dieron incapacidad. Fue en esos días que se me abrió un mundo nuevo en internet, me metí de lleno a la pornografía, empecé a indagar, a buscar cosas nuevas, ahí me topé por primera vez con la pornografía infantil.

Ahorita ya está mucho más controlado, la policía cibernética está al pendiente de este tipo de videos, se enfocan en la seguridad de los niños, pero hace unos años no, era muy fácil encontrar videos de este tipo, yo los descubrí y me adentré en eso, me parecía maravilloso ver a niñas desnudas.

Vi de todo, niñas de 5, 8, 10, 15 años, y en ese momento dejé de interesarme en las mayores de edad, les perdí el gusto. Descubrir la pornografía infantil fue algo maravilloso, algo nuevo para mí y me fascinó, así lo puedo expresar. Lo que nunca me llamó la atención fueron los niños.

Me involucré tanto que me perdí en mí, empecé a sentir deseos por mis hermanas que jamás había sentido, a veces las espiaba cuando se bañaban. Un día, una de ellas me descubrió y me agarró a *trancazos*, me acusó con mi mamá y me regañaron mucho, mi mamá me dijo que me amaba, pero que lo que había hecho estaba mal y que era la última vez que lo hacía.

Tuve otro problema con mi hermana la menor, es algo que nadie sabe, ni siquiera mi mamá; lo que pasa es que ella empezó a salir con un hombre casado, una persona mucho mayor que ella, y eso me rompió, porque yo la veía como un ejemplo, como alguien que iba a hacer algo bueno de su vida y terminó haciéndonos sufrir a mí y a mi familia por sus decisiones. Cuando eso sucedió me entró el demonio, quise aprovecharme de ella, hacerle daño, pensé en contratar a alguien para que la violara, incluso hacerlo yo, eran pensamientos terribles.

También tuve curiosidad con sobrinitas o hijas de tíos, niñas de 14 o 13 años, pero nunca llegué a tocarlas, todo lo mantenía oculto, lo único que hacía era verlas, después me masturbaba.

Gracias a Dios, conocí a un amigo, Ricardo, él es un amor de persona, siempre ayudando a los demás, haciendo obras de caridad y compartiendo su amor con el prójimo. Él me enseñó una parte de mí que no conocía, me llevó a orfanatos, a alimentar a los pobres, me traía con él en sus obras de caridad. Cuando hacía esto se me olvidaba todo lo malo, me acerqué a la palabra de Dios y por un tiempo estuve bien, pero el demonio que llevaba dentro no me quiso soltar.

En una ocasión, fuimos a un orfanato de puras niñas, y me da pena decirlo, pero lo sentí como un paraíso; íbamos 5 o 6 personas como voluntarios para jugar con las niñas, y aunque no permití que el Diablo se saliera, sí tenía pensamientos hacia ellas.

Pasaron los días y le pregunté a mi amigo cuándo íbamos a regresar al albergue de las niñas, me contestó que no sabía, debía pedir permiso a las monjitas de ahí para agendar nueva visita y me avisaba. Pero yo estaba desesperado, era tanto mi deseo de regresar que le volví a insistir a los 2 o 3 días, y ahí él se dio cuenta de lo que pasaba. Ahora que estoy más cerca de Cristo, me doy cuenta que cuando uno está del lado del bien, percibe la maldad, la mala intención de los demás. Gracias a Dios mi amigo percibió que yo quería obtener algo de ahí y jamás me volvió a invitar, me daba vueltas al asunto o simplemente me decía que no se podía.

Empecé a alejarme de mi amigo, a regresar a los malos pensamientos, y a pesar de que yo oraba y le pedía a Dios que me diera entendimiento, que abriera mi conciencia y me permitiera conocerlo, nunca pude hacerlo.

Estoy aquí, como mencioné, por tener material fotográfico de menores de edad. Todo empezó con mi última pareja, ella ya tenía 2 hijos; antes de eso mis relaciones fueron con mujeres solas, incluso querían tener hijos conmigo, pero yo nunca quise, volvemos al tema de mi inseguridad, porque ellas me decían que querían tener una familia conmigo y yo no lo creía. Incluso en la intimidad se veía reflejado esto, nunca "me vine" dentro de ellas, no quería ser papá, no pensaba en un hijo como una bendición sino como una carga, no tenía la idea de tener una familia y echarle ganas por ellos, al contrario, pensaba que me iba a atar.

Me "junté" con una persona que sí tenía hijos, un niño y una niña, y ese fue un problema desde el principio porque yo nunca había pasado por ese tipo de experiencias, esta dinámica me llevó a lo que más adelante pasó…

A esta persona la conocí en el trabajo, era hija de una señora que trabajaba conmigo en un estacionamiento, y desde el primer día que la vi se me hizo muy bonita, estaba *chavita*, tenía unos 18 años y ya con 2 hijos, yo tenía 30 años en ese entonces.

Al principio yo no sabía de sus hijos, *cotorreaba* a la mamá diciéndole que era mi suegra, que me presentara a su hija, que yo la mantenía, cosas así; pero la mamá nunca me dijo de sus nietos, incluso cuando empezamos a salir la muchacha y yo, no me dijo nada de que era madre soltera, fue hasta tiempo después, ya que nos habíamos agarrado cariño, que me confesó lo de los niños. Me puso entre la espada y la pared, incluso pensé en dejarla, no quería cuidar niños, menos hijos ajenos.

El error de ella fue rogarme, me dijo que me quería, que estaba a gusto conmigo y no quería que sus hijos fueran un impedimento para estar juntos. Me dio lástima.

Estuvimos un año y medio como novios, me di la oportunidad de salir con ella; al cabo de un tiempo empezó a tener problemas con su mamá porque le encargaba a sus hijos para salir conmigo, ya parecían más hijos de la señora que de ella. Mi suegra nunca fue grosera conmigo, pero sí me hizo entender que si ya me había echado la responsabilidad de salir con una mamá soltera, tenía que también ser responsable de los hijos, me involucraron en ese rol familiar y decidimos vivir juntos.

Los niños estaban chicos, la niña tenía 6 años y el niño 2 o 3, eran unos angelitos, niños bien preciosos, me encariñé mucho con ellos. Salíamos al parque, a pasear, a comer, ahí sentí algo bonito que jamás había experimentado, el ser padre, una figura ejemplar para mi esposa y sus hijos.

Pero las cosas empezaron a ir mal porque mi pareja tenía una hermana de 14 años, yo la veía chiquita, pero la chamaca me coqueteaba, me decía que no entendía cómo me había fijado en su hermana que tenía hijos, que mejor anduviera con ella que estaba libre. La muchachita se me insinuaba a tal punto que su hermana se dio cuenta, se peleaban seguido entre ellas por mí, incluso mi pareja pidió el apoyo de su mamá para que hablara con la muchachita.

Nunca dejé la pornografía, y mi pareja lo sabía, ella me llegó a "cachar" videos de pornografía infantil, pero siempre le inventaba pretextos, decía que me lo había enviado un amigo, que era un virus, no sé, le inventaba cosas y ella me creía, me decía que borrara eso y ya.

El problema empezó cuando mi pareja entró a trabajar y me dejaba al cuidado de los niños. Lo juro, al principio no tuve malos pensamientos, a veces nos metíamos a bañar los 3 para ahorrar tiempo, pero nada malo, después me entró el maldito demonio de vernos todos mojados y enjabonados.

Al principio me llegaban pensamientos vagos de maldad, pero poco a poco empecé a ver a la niña de otra manera, la comparaba con las fotos y videos que veía y me dieron ganas de experimentar con ella. La niña siempre fue muy accesible, cariñosa, era un angelito que no se merecía conocerme, la verdad.

Empecé a tomarle fotos desnuda, en el baño, me apuraba a bañar a su hermano, lo sacaba y regresaba a bañarme con ella. Primero me dejaba el bóxer, pero después sentí el impulso de quitármelo y la niña, en su inocencia, sintió interés o curiosidad en mi cuerpo, pero yo jamás pensé en abusar de ella, fue una etapa muy fea, algo horrible que hice, me ganó ese mal hábito que tenía.

La niña, en su inocencia de 6 años, tomaba a juego el que yo le tomara fotos, no lo veía como algo malo. Después vino el juego de que ella me bañara, le decía que me tallara el pelo o los brazos con el zacate, y nuevamente, ese demonio que tengo dentro, le dijo que me lavara el pene, que me frotara mis partes bajas mientras yo la bañaba.

La niña nunca dijo nada, me hacía más caso a mí que a su mamá, le decía que nunca dijera que nos bañábamos juntos o que yo la bañaba a ella, abusaba de su inocencia y la convencía de que estuviera de mi lado, era muy linda la niña. Recuerdo que hasta los últimos días ella se iba de mi lado, yo le daba la seguridad que su mamá no.

El día que todo cambió fue una Navidad, me compré un celular nuevo y le di el viejo a mi pareja, pero en mi estupidez, no borré bien el contenido. No recuerdo si en ese entonces ya teníamos contratado el internet o si ella tenía datos en su celular, pero el chiste es que vio en la papelera de reciclaje las fotos de varias niñas que había descargado de internet y, lo peor, fotos de su hija desnuda, bañándose conmigo o en posiciones en la cama.

Nunca violé a la niña, repito, estoy totalmente en contra de la violencia hacia las mujeres. Lo que sí me arrepiento mucho, y lo dije en el juicio, en 2 ocasiones hice que la niña me chupara el pene, la obligué a hacerlo, ese fue el límite para mí. Al principio le daba asco, y lo entiendo, ¿qué niño va a querer hacer eso? Pero nunca fue negativa conmigo, incluso en esos momentos fue muy accesible, no le gustaba, pero ya en el acto no me decía nada, como que se acostumbró a eso.

Bueno, cuando mi pareja vio las fotos se le rompió el corazón, me dijo que hubiera preferido que la engañara con su hermana a que le hiciera eso a su hija. Se puso muy mal, agarró una botella de brandy y se la empezó a tomar como agua, estaba muy mal, llorando, destrozada, me empezó a aventar cosas, platos, tazas, incluso una alcancía que tenía me la aventó, se deshizo toda. Me gritó que era un maldito, un bastardo, que me fuera, que no me quería volver a ver. No le reproché ni recriminé nada, lo único que le dije fue que me perdonara, yo sentía mucha culpa, miedo, le pedí que no me denunciara, sabía del terrible error que había cometido, lo único que quería era seguir con mi vida y que ella siguiera con la suya, dar por muerto todo lo anterior y seguir adelante.

Salí rápido de la casa y me llevé sólo mi computadora y el celular, el disco duro estaba lleno de pornografía y fotos de la niña. Nunca se me ocurrió vender las fotos o hacer negocio con eso, y eso que conocí a mucha gente a través de redes sociales que compartían mis gustos, las redes sociales están plagadas de pedófilos, Twitter, Instagram, todo, lo único que no es seguro es Facebook, ahí te localizan rapidísimo. Nosotros tenemos una especie de radar para identificar a otros como nosotros, personas que están involucradas en este vicio, esta maldad.

Por ejemplo, a veces, en redes sociales, te encuentras con la foto de una niña, vestida, normal, pero si vas escarbando y viendo con atención hay comentarios, números o letras que son claves para identificar a un pedófilo; se usan mucho los *emojis*, ositos de peluche, frases como "Lolita" o "PTH", todos son códigos que dentro del medio se saben.

Conocí gente de todo el mundo en internet que le gustaba la pedofilia, americanos, españoles, hasta chinos y japoneses. De lo que siempre tuve curiosidad es de ver a una niñita japonesita, de interactuar con japoneses para que me dieran eso que yo quería, pero nunca lo logré.

Había una empresa de pornografía infantil que se llamaba LS-MODELS, era ucraniana, ellos tenían muchísima gente, tanto hombres y mujeres, negociando y traficando con niñas y niños, más niñas. Creo que ahora ya se desintegró, pero duró muchísimos años operando, estoy hablando que desde el 2015, cuando yo empecé con todo esto, ya era exitosa. Después empezaron a clausurar las páginas y a cerrar sus sitios web, fue cuando cayó, pero en su momento tenían de todo, niñas de todas las edades, morenitas, güeras, blanquitas.

En esa empresa no abusaban de las niñas, nunca vi videos donde las pusieran a hacer un acto sexual o que las prostituyeran, no, simplemente era la lascivia visual lo que me interesaba, por eso me centré en esa empresa, porque me daba el puro deseo y placer visual con las niñas.

Bueno, salí de la casa y pensé en irme a otro Estado, tenía miedo de que mi pareja me denunciara, y con todo el derecho lo hubiera hecho, por eso me sentía nervioso, no sabía a dónde ir porque ya era noche, las 11 o 12 de la noche cuando todo esto pasó. En eso estaba cuando me acordé de mi amigo Ricardo, fue la persona que se me vino a la mente y decidí hablarle, pedirle que me recibiera y que me escuchara, yo estaba desesperado.

Mi amigo es una bendición, ya lo dije, me recibió en su casa y le conté lo que había pasado, al menos una parte; le dije que me había juntado con una persona y que esta persona tenía una hermana más chica que me había seducido, por eso me habían corrido de la casa. Puras mentiras. Mi amigo me escuchó y me dio *chance* de quedarme ese día en su casa, él pensaba que había sido un problema de infidelidad y hasta ahí.

Al otro día me levanté temprano y me salí a caminar, no eran ni las 7 de la mañana y no sabía a dónde ir. Encendí mi celular y me empezaron a llegar muchísimos mensajes, llamadas perdidas, notificaciones de WhatsApp de mi familia y mi pareja diciéndome que no fuera a cometer una tontería, que me comunicara con ellos o que regresara a casa.

Lo que pasa es que esa noche mi pareja fue con mi mamá y mis hermanas a contarles todo, querían hablar conmigo y ver cómo podíamos manejar las cosas, estaban todos muy preocupados. Lo malo fue que mi familia se fue en contra de mi pareja, como dije, yo siempre fui un *mimado*, y cuando mi pareja les contó todo y vieron que yo no aparecía, la amenazaron con que, si me pasaba algo, todo iba a ser culpa de ella.

Regresé a mi casa, con mi pareja, y hablamos, ella me perdonó todo, me dijo que le había afectado mucho lo que hice, lo que vio, pero que estaba dispuesta a perdonarme si yo cambiaba, si me acercaba de nuevo a Nuestro Señor, me dijo que me olvidara de todo y nos diéramos una segunda oportunidad por nosotros y los niños. Le juré que no iba a volver a pasar, le mentí, le dije que iba a cambiar, no fue así, puras falsas promesas.

Al día siguiente fui a ver a mi mamá y a mis hermanas, seguían preocupadas por mí. Les expliqué cómo habían estado las cosas, no podía ocultar nada, mi pareja ya les había dicho todo. El primer consejo que me dio mi mamá fue que la dejara, que no le hacía bien ni a ella ni a sus hijos, incluso mi hermana, que tiene 2 niñas, me dijo: "Hermano, te amo un *chingo*, lo sabes, pero yo sí te hubiera denunciado. Tu esposa es una estúpida, no sé cómo, a pesar de lo que le hiciste, te perdona y permite que sigan juntos".

Cuando nos dimos esta segunda oportunidad, me contuve, estuve 4 o 5 meses sin hacer nada con la niña, todavía tenía culpa y miedo. Pensé en hacer las cosas bien, me di cuenta que mi pareja me amaba demasiado, no le importó ponerme a mí antes que a su hija, y eso no lo supe valorar, nuevamente me puse el pie.

En esos meses aproveché para agarrar más confianza con la niña, ella me quería muchísimo, me veía como su papá, así lo recuerdo; el niño no, él era más de estar con su mamá, pero la niña me apreciaba mucho.

Regresé a las mismas, empecé con las fotos, los videos, a pesar de que mi pareja no me dejaba que bañara a la niña, yo lo hacía a escondidas. De nuevo hice mis estupideces, todo fue empeorando, se volvió cada vez más feo.

De repente me entró un mal presentimiento, llevaba días con un mar de pensamientos, me sentía atrapado, pensaba en la niña, en mi familia, en muchas cosas. Y mi error fue guardar fotos de niñas desnudas, de mi hijastra principalmente, en "la nube" de Google, y ahí la policía cibernética me encontró, se dio cuenta que soy un pedófilo.

Actualmente la tecnología es muy avanzada, las fotos que guardas en internet pueden decir dónde y cuándo fueron tomadas, incluso algunas hasta tienen el lugar, pero eso no lo sabía, yo tenía muy poco conocimiento del internet y lo que implica, por eso me atraparon, les di la pauta para que me buscaran.

Bueno, la policía cibernética avisó a las autoridades, en este caso a la Policía Federal, y rastrearon que las fotos fueron tomadas en Toluca, después indagaron la colonia y comenzaron a analizar las estructuras de los edificios, a fijarse en cualquier detalle en las fotos que los guiara al culpable. Una vez que localizaron el lugar, nos monitorearon a mí y a mi pareja, y se dieron cuenta que mi hijastra era la víctima.

Abrieron una carpeta de investigación con todos mis datos, ya me tenían acorralado, y cuando me detuvieron ya iban con una orden de aprehensión y una carpeta bien formulada.

Llegaron a mi casa 2 hombres y una mujer, ya habían ido antes a ver a mi pareja, le dijeron que venían por parte de un programa de apoyo económico del gobierno, son muy astutos los investigadores, le hicieron preguntas en privado, sobre nosotros, sobre mí, sobre la niña, sobre la situación familiar y económica por la que pasábamos, cuántos vivíamos en la casa, de qué edad, de todo en general. Yo nunca sospeché que eran policías, en mi pinche mundo cerrado nunca pensé que me iban a atrapar.

Llegaron estas personas y nuevamente le dijeron a mi pareja que eran del programa de apoyo, ella los recibió como a las 7 de la mañana, entraron y vieron que, efectivamente, yo estaba ahí, hicieron un par de preguntas más y después se fueron. A los 10 o 15 minutos regresó ya la policía para hacer el arresto, hablaron con la dueña del departamento que nos rentaba y le pidieron el apoyo, ella fue la que subió a tocarnos y me hizo salir, porque yo, en cuanto vi a los policías, entré en pánico, no sabía que venían por mí, pero me espanté.

Me levanté de la cama, me vestí y salí a abrir la puerta, se presentó una señora diciendo que venían del Ministerio Público y que tenían una orden de aprehensión contra mí.

Mi pareja estaba muy asustada, no sabía lo que pasaba, fue cuando le mostraron un folder con las fotos que le había tomado a su hija. En cuanto vio las fotos se desmayó, la tuvieron que levantar entre varias policías; después entraron los Federales, muchísimos, voltearon mi casa buscando evidencia, disco duro de mi computadora, unas memorias USB, mi celular, fotos o videos.

Me sentaron en la sala y me preguntaron dónde tenía más material, al principio me hice el loco, les dije que no sabía de lo que hablaban, pero comenzaron a insultarme y a decirme que cooperara por las buenas o me hacían cooperar.

Yo tenía todo en un mueble de aluminio que estaba bajo llave, ahí estaba mi computadora y los USB con el material, les di la llave porque ya sabía que estaba acorralado. Años antes había visto programas policiacos, vi uno en específico de un pederasta, entonces ya sabía lo que buscaban, preferí dárselos y cooperar, de todas formas, ya estaba perdido, era una rata enjaulada.

Accedí a todo, en las entrevistas respondí lo que me preguntaban, fui consciente de cada palabra, nunca les mentí. Y, hasta eso, tuve suerte, porque no me golpearon, a pesar de que algunos policías me amenazaron, me dijeron que me iba a ir muy mal en la cárcel, que gente como yo, que se mete con niños, acaba mal, nunca me pasó nada.

Me llevaron a la Procuraduría General y me hicieron certificados médicos y la prueba de Estambul, todo para confirmar que no estuviera mal físicamente, que los policías no me hubieran hecho nada.

Hubo un policía en específico que me ayudó, resolvió todas mis dudas, porque yo estaba sorprendido por la manera en que me arrestaron, le pregunté por qué habían ido a mi casa tantos policías, como si fuera un narcotraficante, él me explicó que hay policías para cada cosa, policías para secuestros, homicidios, robos, y lo que yo había hecho era algo grave, necesitan especialistas para casos como el mío. Eso me sorprendió, siempre me sentí insignificante, no era nadie, y el hecho de que hubieran hecho tanto *show* por mí me parecía increíble.

Supe que apenas en el año 2001 entró como delito la pederastia, antes no lo era, por eso quiero ampararme y unificar todo para que me quiten el delito de trata de personas. Es todo muy complicado, porque en el delito de aprovecharme de una menor todavía no hay parámetros para dictar una sentencia, no se comprende en acto, entonces no es abuso.

La pena máxima por eso es de 18 años, y al momento de estar en el Ministerio Público me quisieron hacer firmar una sentencia por juicio abreviado, de 20 años, cosa que no hice, no lo acepté. Entonces, lo que ellos hicieron fue meterme trata de personas y abuso infantil para que mi sentencia fuera mayor.

Tengo una sentencia de 33 años, inicié mi proceso en el 2019 y apenas terminé en el 2021, fueron 2 años lo que duró el proceso, me trasladaron automáticamente al Altiplano, a la cárcel de Máxima Seguridad.

En el juicio vino a testificar mi expareja y su hija, dijeron toda la verdad, la niña es muy precisa al momento de declarar, tenía 7 años en ese entonces y sus declaraciones eran muy adecuadas, su forma de hablar era diferente, como la de una niña mayor, usaba términos y expresiones de una niña estudiada, por eso pienso que las licenciadas trabajaron con ella. No la vi, en este tipo de juicios no enfrentan a la víctima, transmiten su testimonio a través de una pantalla, en este caso fue puro audio. Lo que sí pasó fue que aumentó más cosas, dijo que le metí los dedos y los médicos que la revisaron aseguran que tenía penetración anal, cuando realmente nunca pasó. Nunca quise hacerle daño a la niña, no pensé en perjudicarla, eso de meterle los dedos sabía que le iba a doler, y por la boca no le iba a causar daño.

En las audiencias le hice saber al juez que no era justo que la niña siguiera viviendo con su mamá y su abuela, porque ellas habían permitido que esta situación pasara, ellas tenían mis antecedentes, sobre todo mi pareja, ella sabía que yo hacía eso con su hija, que tenía sus fotos, y no la hago culpable de lo que hice, pero no merece tener la custodia, porque prefirió a un hombre antes que a su propia hija.

También le conté a mi familia y a los abogados que en las fotos que yo vi en internet, de otras niñas, se veían sus partes íntimas más… abiertas, y en las fotos que le tomé a mi hijastra se ve que ella no está así, pero esto es algo que no podía hacer porque me iba a inculpar más.

Sé que todos los niños que pasan por situaciones así terminan afectados, está comprobado científicamente, pero he trabajado mucho para acercarme a Dios y olvidarme de mi presente, a mi Señor lo pongo sobre todas las cosas, la mentira ya no está en mí, no permito seguir mintiendo, engañando y teniendo malos pensamientos. Antes pensaba que era un 70% malo y un 30% bueno, ahora trato de revertir eso, mi Señor me ha ayudado con eso.

Desde que me trajeron me pusieron en el módulo 6, es uno especial para pacientes psiquiátricos, también hay *gays*, *trans*, aquí me han hecho diversas pruebas psicológicas, exámenes de números, imágenes, preguntas en el área de psicología, criminología, mi forma de pensar, pero nunca me han dado un diagnóstico. Considero que sí necesito ayuda psicológica porque ahora que estoy preso y he tenido el tiempo de pensar en lo que hice, me doy cuenta de que estaba mal, pero es algo que no puedo controlar, es simplemente un impulso que siento.

He intentado suicidarme en 2 ocasiones, me corté los testículos, me los quise quitar, pero no tuve las fuerzas no llegué a hacerlo, después quise cortarme el pene, pero no tuve las herramientas necesarias. Incluso, con tal de estar nuevamente en libertad, para que vieran lo arrepentido que estaba y comprobar que no había abusado de la niña le hubiera propuesto al juez que me castraran, que me quitaran el medio y no hacerle daño a nadie más.

Interactué con otros pederastas, estando allá afuera conocí a muchos, y me di cuenta que no somos igual, muchos son agresivos, sí les gusta abusar de niños y muchachos, agarran parejo a niño o niña, pero yo no, yo estoy en desacuerdo con la violencia. Incluso, siempre supe que yo estaba en algo malo, detestable, por eso quiero ayuda psicológica.

Sé que voy a pasar aquí muchísimos años, lo merezco, sólo espero que sean menos de los que me sentenciaron, porque si es así, acabaría muy *fregado*, sin esperanzas, por eso sólo pido una oportunidad.

# REFLEXIONES FINALES

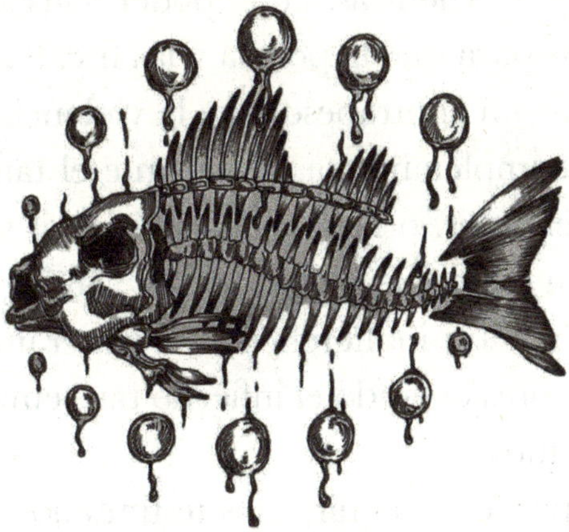

La niñez no debe ser un recipiente de daño, traumas y tristeza. Los niños y las niñas tienen que crecer en entornos seguros donde el amor, la confianza y el cariño acompañen sus días, sus horas, sus emociones. Parece mentira que en este milenio marcado por los adelantos tecnológicos, la información excesiva e inmediata de cualquier suceso, en todos los temas, las reflexiones interminables sobre salud, ciencia, educación…, existan aún una cantidad increíble de casos de abuso sexual infantil y de trata; que la pornografía infantil y las acciones de los pederastas y tratantes se multipliquen, arrasen, lastimen sin que muy poco se haga para confrontar el daño.

Como sociedad, vamos años luz detrás de quienes agreden. Veo a mamás y a papás darles a sus hijos teléfonos para distraerlos desde chiquitos sin saber que les están entregando un arma letal. Los pedófilos a nivel nacional están coordinados y los tratantes han desconocido cualquier tipo de sentimiento de culpa, justificando el machismo cultural donde nacieron. Mientras, en el poder legislativo se frenan las propuestas para que la policía y las fiscalías puedan realmente generar un contrapeso ante la violencia sexual infantil. Estamos completamente ciegos ante el tamaño del problema que tenemos, o nos resulta más fácil voltear la cara porque "es un tema que duele mucho", en lugar de afrontar el conflicto. Nuestra indiferencia está generando tierra fértil para los agresores creando el infierno tan temido para nuestros niñas y niños.

Mi propósito al reunir estos testimonios de victimarios y sobrevivientes, de expertas en psicotrauma y salud mental obedece a la necesidad que he compartido en mis libros anteriores: acercar a los lectores una interpretación frontal para entender qué lleva a las personas a cometer un acto ilícito, por qué avanzan hacia el delito, qué sienten, qué emociones estallan al momento de cometerlo y cómo quedan después de la transgresión. Pero también se explica cómo vivieron estas personas, qué contexto se dibujó en su infancia, quién los acompañó en su crecimiento, qué muestras de cariño o vacíos marcaron sus vidas. Y en esta ocasión, como en las anteriores, no pretendo justificar, sólo comprender. Sí. Entender por qué se rompió el hilo de lo permisible, por qué él o ella encontraron en un niño que era de su familia, en la hija pequeña de su pareja o del amigo a la presa fácil; saber qué pensaron cuando acariciaron, forzaron o engañaron a esa niña indefensa, a ese niño incapaz de entender lo que ocurría.

Para armar este libro encontré personas a las que le pedí su testimonio sobre por qué estaban en un centro penitenciario y se negaron. Tuvieron vergüenza, miedo, quizá rabia por haberlo hecho. Hubo víctimas que estaban dispuestas a contar su historia y en el último momento se negaron, tal vez para no revivir episodios dolorosos, para no caer en ese abismo de angustia, confusión, para no volver a pasar por la incomprensión o el hostigamiento social.

Porque hablarlo no es fácil. No resulta nada sencillo aceptar el daño que se produce en la vida de un menor. A muchos no les resulta agradable detallar lo que hicieron, cómo lo hicieron, a quién se lo hicieron, por qué lastimaron. Y a muchas nos resulta terrible decir en qué momento la confianza se convirtió en infierno, por qué siendo niñas nos rasgaron la vida, por qué lo que creíamos un juego, un acercamiento a esa persona a la que le teníamos confianza se volvió una sensación de miedo, pena, horror, sufrimiento... y callamos durante años.

Porque no es fácil decirlo, no es sencillo recordar y hablar con detalle cada situación vivida, cada sensación experimentada en la que estuvimos expuestas, en la que algo muy extraño nos pasaba y no podíamos nombrar con exactitud en qué consistía ese malestar, esa pena, esa amargura. Porque a veces nosotras mismas no sabemos explicarlo, porque a veces ese acto que rompió nuestra infancia se acomoda en lo más profundo de nuestro ser y lastima, quema, humilla y no quiere ya salir de allí, no sabemos cómo nombrarlo, tenemos miedo de contarlo, nos da vergüenza aceptar una sensación terrible de culpa.

Las mismas emociones de agobio y desesperanza se presentan en los casos de trata y corrupción infantil con las víctimas. Las mujeres que ingresan en esta realidad, en su mayoría, son llevadas por engaños, creen en una mejor forma de vida, se ilusionan con una pareja sentimental, o a veces quieren salir de un contexto que sienten opresivo, hostil y caen en una manipulación violenta donde son humilladas, lastimadas, viven un maltrato constante que muchas veces las lleva a creer que les será imposible escapar de esa existencia de vejaciones. Porque les resulta imposible olvidar que fueron tratadas como mercancía, que las vendieron, las exhibieron en videos y circularon en una red visual donde nadie se ocupó de su dolor, de las humillaciones, de los actos a las que fueron obligadas a participar. Porque en ese entramado de castigo y humillación, quienes cometen estas injusticias se valen de un control violento y desmedido para establecer comercio y convenios donde las mujeres, incluso algunos niños o niñas, tienen costo, promoción, son un objeto que enriquece a miles de personas y se desecha con total impunidad. Y no les impide a los verdugos detenerse aunque muchos de ellos llevan un rencor profundo, esconden en muchos casos humillaciones que soportaron en la infancia, castigos desmedidos, agresiones sexuales para convertirse todo en esa serpiente que muerde su cola para mezclar dolor y rabia, resentimiento y angustia, confusión, pesar, miedo.

¿Por qué llegamos a esto? ¿Cómo detenerlo? ¿Qué hacer como sociedad para proteger y protegernos? El propósito de *No nos dejes caer en tentación* es compartir realidades para reflexionar sobre lo que duele y lastima. Es conocer para lograr empatía y conciencia.

Lo diré una vez más y lo repetiré muchas veces: busco, al externar las vivencias de sobrevivientes y victimarios, que el lector se entere de cómo se dan los delitos, sepa cómo viven y vivieron los protagonistas, advierta las zonas de riesgo y piense qué podemos hacer como sociedad para no ser indolentes ante la pornografía infantil, por ejemplo; indiferentes al dolor de quienes necesitan ayuda. Creo que si estamos dispuestos a entrar en la vida y los sentimientos de estas personas que avanzan a lo largo del libro podremos hacer a un lado el prejuicio y comprenderemos las problemáticas: nunca justificaremos el daño, pero buscaremos reparación y evitarlo. Insisto, lo ideal es que cada día existan menos sobrevivientes, por eso la apuesta por conocer las causas del delito, pensar en los contextos de quienes viven los infiernos del maltrato sexual, la trata y el abuso más terrible y duradero a la niñez, leer para entender y reflexionar para no caer en la tentación.

# APÉNDICE

Lista de organizaciones y/o instituciones nacionales e internacionales que trabajan con temas de trata o abuso sexual.

- REINSERTA (CDMX, EDOMEX y NL): mediante su programa de "Sobrevivientes" atiende a niños, niñas y adolescentes que fueron víctimas de delitos como abuso sexual, trata de personas, feminicidio u homicidio indirecto, abuso físico.
- ANTHUS (Puebla y CDMX): se ocupa de la prevención, sensibilización y erradicación de la trata en México en la modalidad de explotación sexual.
- CASA HOGAR ESCALAR (Jalisco): su labor ha consistido en albergar niños (hombres) que, al ser víctimas de maltrato, abuso o abandono, han sido separados temporalmente de su familia por las dependencias de justicia correspondientes.
- CENTRO DE JUSTICIA PARA LAS MUJERES (Jalisco): proporciona atención integral a las mujeres víctimas de delitos relacionados con violencia de género, mediante la procuración e impartición de justicia pronta y expedita, así como procesos de autovaloración y empoderamiento para la toma de decisiones que garanticen su bienestar y el de sus familias.
- CONSEJO CIUDADANO PARA LA SEGURIDAD Y JUSTICIA DE LA CIUDAD DE MÉXICO (CDMX): Alcance Comunitario/Concientización, Capacitación, Consejería de apoyo, Empoderamiento para sobrevivientes, Repatriación, Servicios en crisis, Servicios jurídicos - civil, Servicios jurídicos - migración, Servicios jurídicos - penal, Terapia.

- PROCURADURÍA DE PROTECCIÓN DE NIÑAS, NIÑOS Y ADOLESCENTES DEL ESTADO DE JALISCO (Jalisco): Albergue, Servicios jurídicos - Penal, Terapia, Vivienda de transición/ Medio camino, Tratamiento de adicciones, Asistencia médica a niños, niñas y adolescentes que se encuentren en dichas circunstancias.
- PROYECTO ESPERANZA (Madrid, España): apoyo integral a mujeres víctimas de trata.
- REFUGIO ESPECIALIZADO PARA MUJERES Y NIÑOS VÍCTIMAS DEL DELITO DE TRATA DE PERSONAS (CDMX): brinda atención integral y protección a la población usuaria, con calidad y calidez en el servicio, en un ambiente de pleno respeto y observancia a sus derechos humanos.
- ALL SURVIVORS PROJECT (ASP) (Liechtenstein): su objetivo es fortalecer la capacidad organizativa de ASP para mejorar las respuestas globales para cada sobreviviente de violencia sexual, incluidos hombres y niños, en situaciones de conflicto armado y desplazamiento forzado. Esto se hará realizando investigaciones y actividades de promoción y facilitando el diálogo y el aprendizaje interdisciplinarios. ASP busca garantizar que se prevenga la violencia sexual relacionada con los conflictos y que se cumplan los derechos de todos los sobrevivientes, incluidos hombres y niños, y que se respete y proteja su dignidad.
- NATIONAL SOCIETY FOR THE PREVENTION OF CRUELTY TO CHILDREN (NSPCC) (UK): es una organización benéfica infantil líder en el Reino Unido, nos especializamos en la protección infantil y nos dedicamos a proteger a los niños hoy para prevenir el abuso mañana. Somos la única organización benéfica para niños del Reino Unido con poderes legales, lo que significa que podemos tomar medidas para proteger a los niños en riesgo de abuso.

- ABUSE HURTS (Canadá): atención en casos de negligencia y abuso a niños, mujeres y hombres.
- BOOST CHILD AND YOUTH ADVOCACY CENTER (Canadá): trabajan para prevenir el maltrato y la violencia infantil a través de la concienciación y la educación. Bajo un mismo techo, colaboramos con la policía, las agencias de protección infantil, médicas y de salud mental para brindar una respuesta individualizada y adaptada a los niños para cada infante que ha sufrido abuso.
- ECPAT (Tailandia): atiende casos de niños, niñas y adolescente (NNA) bajo explotación sexual, trafico, prostitución, turismo sexual, en más de 140 países.
- THE YALE CHILDHOOD VIOLENT TRAUMA CENTER (USA): el Centro de Traumatismos Violentos en la Infancia opera una Clínica de Traumatismos que ofrece una variedad de tratamientos e intervenciones para niños y adolescentes que luchan con reacciones y trastornos traumáticos.
- MOVIMIENTO POR NUESTROS DESAPARECIDOS (México): permite congregarse y dar fuerza conjunta para encarar la problemática de la desaparición en México.
- FEVIMTRA (CDMX): "vinculación con el refugio, ya no se puede reventar el lugar, un juez de control da una orden de cateo para intervenir y ellas son trasladadas y en el área específica se da la atención".
- SIN TRATA (México y AL): trabajan contra la esclavitud moderna en Latinoamérica. Llevan a cabo investigación y ciencia de datos para guiar a sectores privados y públicos en el diseño de políticas, acciones estratégicas y capacitaciones digitales para prevenir la trata y explotación sexual y laboral de personas, y promover el acceso a justicia a las víctimas.
- FIN DE LA ESCLAVITUD (Jalisco): es una organización dedicada a informar, prevenir y capacitar sobre la Trata de personas y las diversas formas de Esclavitud que existen en nuestro siglo.

- FUNDACIÓN FREEDOM (México): es una asociación civil dedicada a combatir, prevenir y concientizar acerca de la trata con fines de explotación sexual de niñas y niños.
- WORLD VISION (CDMX): reintegración de niños soldados. Trabajan para que los niños, niñas y adolescentes vivan libres de pobreza, protegidos y en comunidades sustentables.
- INTERNATIONAL SOCIETY FOR THE PREVENTION OF CHILD ABUSE AND NEGLECT (ISPCAN) (Denver): durante más de 40 años, ISPCAN ha trabajado para reducir esta tragedia prevenible. Fundada por Henry Kempe en 1977, ISPCAN es la única organización internacional sin fines de lucro que reúne a la gama de profesionales que trabajan para la prevención y el tratamiento de todas las formas de violencia, abuso o abandono de niños.
- ALUMBRA/ EARLY INSTITUTE (Estado de México): apoyo a familias, cuidadores y tutores de menores de edad para la prevención del abuso sexual.
- GUARDIANES (México): se dedica a buscar el interés superior de niñas, niños y adolescentes, alineada a los Objetivos de Desarrollo Sostenible de la Agenda 2030.
- ARMONIA FAMILIAR (CDMX): Ofrece terapias infantiles, individuales, de grupo y de aprendizaje, orientación vocacional y evaluaciones psicopedagógicas y psicométricas.
- CASA DE LAS MERCEDES (CDMX): "Proporciona atención integral a niñas y adolescentes rescatadas de la explotación sexual, violencia intrafamiliar".
- DILO MÁS (CDMX): en colaboración con diferentes especialistas, otorgan a las víctimas y a su círculo cercano un espacio de apoyo, escucha y orientación integral durante este difícil proceso.
- EL POZO DE VIDA A.C. (Contra la trata de personas) (CDMX): lucha contra la trata de personas. Trabajan para hacer conciencia, defender a las víctimas, rescatar y rehabilitar a los sobrevivientes del tráfico de personas.

- FUNDACIÓN CAMINO A CASA A.C. (CDMX): tiene como misión rehabilitar y reincorporar a la sociedad y a una vida sana y productiva a niñas y jóvenes víctimas de trata con fines de explotación sexual comercial.
- INSTITITO LATINOAMERICAN DE ESTUDIOS DE LA FAMILIA (ILEF) (México): brinda un servicio de apoyo psicológico y terapéutico, profesional y de calidad a bajos costos, acorde a los recursos económicos de las personas que estén atravesando por una problemática familiar o de pareja.
- SUEÑOS Y ESPERANZAS A.C. (Jalisco): brinda una nueva oportunidad de vida a niños que han sufrido maltrato y abandono por parte de sus familias, sirven como un puente hacia un mejor futuro, brindando a cada niño las herramientas y atención integral para su sano desarrollo y posterior reintegración familiar.
- WORLD OF CHILDREN (USA): desbloquea el futuro de los niños vulnerables al financiar, elevar y educar a los agentes de cambio más efectivos para los niños en todo el mundo. Entregan dinero a más de 130 asociaciones de 70 países.
- ATENCIÓN A LA INFANCIA EN PROCESOS DE JUSTICIA (ATIJ) (CDMX): desarrolla estrategias psicológicas, jurídicas, educativas y de apoyo psicosocial para propiciar el acceso de NNA al ejercicio de su derecho a una vida libre de violencia, a la justicia, a la igualdad, a la no discriminación, a la salud mental, entre otras áreas.
- CENTRO NACIONAL PARA EL DESARROLLO SEXUAL, INFANTIL Y JUVENIL (CENDES) (CDMX): prevención, atención e información referente a violencia sexual infantil.
- FUNDACIÓN ANTENAS POR LOS NIÑOS (México): brinda ayuda psicológica y mental a niños en situación vulnerable, pues no deben guardar secretos que duelen.

Esta obra se terminó de imprimir
en el mes de noviembre de 2024,
en los talleres de Litográfica Ingramex S.A. de C.V.,
Ciudad de México.

- FUNDACIÓN ORIGEN (México): promueven una cultura de no violencia y salud emocional para todos.
- FUNDACIÓN PREVENCIÓN DEL ABUSO SEXUAL INFANTIL (FUNDACIÓN PAS) (México): fomenta una cultura de prevención y atención del Abuso Sexual Infantil (ASI) a través de programas educativos y modelos de atención innovadores.
- GUARDIANES, HOGARES FAUSTINO LLAMAS, JUNTOS LAS NIÑAS Y NIÑOS (JUCONI) (México): es un grupo de tres Instituciones de Asistencia Privada dedicadas a brindar protección y cuidados integrales a mujeres con discapacidad intelectual y discapacidad psicosocial que han sido víctimas de violencia, abuso o abandono por parte de sus familias.
- OFICINA DE DEFENSORÍA DE LOS DERECHOS DE LA INFANCIA (ODI) (México): es una organización de la sociedad civil constituida en el 2003 para la defensa y promoción de los derechos de niñas, niños y adolescentes.
- RED POR LOS DERECHOS DE LA INFANCIA EN MÉXICO (REDIM) (México): una coalición de 72 Organizaciones de la Sociedad Civil, ubicadas en 18 estados de la República, que tienen como fin la promoción y defensa de los derechos de la Infancia.